前橋空襲・復興と戦争体験記録シリーズ2

｜出征兵士・代田秋造から妻・房子への手紙｜

―軍事郵便を読む―

上毛新聞社

∿BOOKLet

目次

凡例

 書簡は原文通りとした。ただし、句点は適宜補った。欠字は〔　〕で（　）は編者が付した。

はじめに─本書を読まれる方に─

第1節　代田房子宛書簡

書簡の概要

　本書には代田秋造を戦地に送り出した妻・房子が所持していた書簡103点余が収載されている。「103点余」というのは一つの封筒に複数の手紙が入っているものもあったからである。

　書簡を整理し概要を示すと表1のようになる。このうち差出人が代田秋造で受取人が代田房子と書かれている軍事郵便は96点余を数える。

　秋造の軍事郵便は昭和16年（1941）8月から同18年（1942）12月まで2年4ヵ月間にわたり書かれた。

表1　代田秋造軍事郵便代田房子宛及び関連書簡

分類	駐屯地	部隊	書簡数	
関連書簡	代田知之（みつ）封書代田房子宛		1	昭和16年7月23日消印
	市川市東部74部隊伊隊湯沢初太郎ハガキ代田秋造・家族宛		1	昭和16年8月4日消印
代田秋造軍事郵便代田房子宛	満州国龍江省富拉爾基	満州第584部隊坂隊	28	昭和16年8月、不詳、11月11日着、12月5・16・24日着、12月、昭和17年1月10・14・21日着、1月、1月、2月21日着、2月、3月3・12・12・30・31日着、9月12・18・30日着、10月6・21・29日着、11月10・20日着、12月16日着
代田秋造ハガキ代田幸松宛			1	日付不明。
代田秋造軍事郵便代田房子宛		満州第584部隊坂隊西原勇次郎（伍長）	1	日付不明。
	満州国牡丹江第45軍事郵便所気付	満州第9832部隊小林隊	5	昭和17年4月6・15・23日、5月4・7日
	満州国牡丹江第45軍事郵便所気付	満州第9832部隊野々宮隊四	4	5月12・14・14・17日
	満州国牡丹江第45軍事郵便所気付	満州第9832部隊坂田隊	11	5月24・29日、6月1・6・16・23・27日、7月2・9・16・20（知之宛）日
	満州国東安省鶏寧軍事郵便所気付		11	7月21・21・23・31日、8月10・14・19・23・30日、9月4・12日
	満州国東安省鶏寧軍事郵便所気付	満州第9832部隊三浦隊	15	9月22・28日、10月4・7・10・20・22・30日、11月6・12・14・20・21・29日、12月4日
	満州国東安省林口	満州759部隊	1	12月16日
	満州国東安省鶏寧軍事郵便所気付	満州第9832部隊高橋隊	14	12月21・28日、昭和18年1月1・5・8・17・27日、2月4・10・17日、3月1・8日、不明・不明
関連書簡	満州国東安省鶏寧軍事郵便所気付	満州第9832部隊高橋隊松村與四三	1	昭和18年1月1日。松村から房子宛
	満州国東安省鶏寧軍事郵便所気付	満州第9832部隊高橋隊松村與四三	1	昭和18年3月16日。松村から房子宛
	釣浅次封書代田房子宛		1	昭和18年3月19日消印
代田秋造軍事郵便代田房子宛		南海派遣猛第2689部隊寺崎隊	6	昭和18年4月（カ）・4月（カ）・7月（カ）・7月（カ）・12月（カ）・12月（カ）
関連書簡	須藤敏子ハガキ代田房子宛		1	昭和17年4月3日消印
			103	

昭和17年（1942）11月10日着軍事郵便（ハガキ）に「廿一日付便り廿九日及び廿一日と二度届いた」「送り物は二週間以上かかるらしいから」と書かれていることから、内地の前橋市から戦地の満州国フラルキまで書簡は8日余り、慰問袋などの送り物は倍の日時を要したことが分かる。

　軍事郵便研究の第一人者である新井勝紘氏は、軍事郵便を読むことについて次のように指摘する[1]。

　軍事郵便には、検閲があるという見えないプレッシャーがかかっていることも忘れてはいけない。そこでは書くことに躊躇したこともあるだろうし、また書いて自分の気持ちを正直に伝えたかったことも、戦地からの手紙では絶対に書けなかったという現実がある。しかし、具体的に記された文面から、それらを深読みすることで、もうひとつ理解を深めることが大事だと思う。そこには何が書けなかったかを見抜く力も必要になってくるだろう。軍事郵便との格闘もまた必要なことではないかと思う。どの手紙も総てというわけではないが、時には数十通、数百通などが残っている手紙の中から、キーペーパーとなる手紙に注目してみる必要がある。記されていない事項を考えながら読み込むという作業もまた大事ではないだろうか。

　代田秋造が妻・房子に出した手紙から夫婦は何を語り合ったのか。キーペーパーとなる手紙は何なのか。考察してみたい。

軍歴と軍事郵便

　代田秋造の二男である代田昌弘氏に請求していただいた「昭和28年12月12日作成の履歴申出書」に記されていた軍歴と軍事郵便を年月順に並べたものをまとめると表2のようになる。

　代田秋造は昭和16年7月17日に召集され、第51師団歩兵第102連隊（水戸）に入隊した。約1か月後の8月15日に満州国第584部隊ガス隊に配属。坂隊に所属した。翌17年1月20日に陸軍一等兵になった。3月29日に関東軍第25野戦貨物廠に編入され、小林隊に所属し、牡丹江から鶏寧に出発し、4月5日獣医資材部移動修理班自動車部に配属となった。

　以後、軍事郵便から小林隊、野々宮隊、坂田隊、三浦隊、坂隊、高橋隊と転属したことが分かる、そして、昭和18年3月20日に陸軍上等兵として満州国から南方（ニューギニア）に派遣され、寺崎隊に属した。約1年後の4月25日に東部ニューギニア・ウエワクで第27野戦貨物廠・上等兵として戦死した。戦死により昇進して兵長となった。

　代田秋造が満州で所属したのは第25野戦貨物廠（通称号　鋭第9832部隊　鋭第92000部隊）、南方で所属したのが第27野戦貨物廠であった。代田昌弘氏が群馬県健康福祉部国保援護課から交付された「第25野戦貨物廠略歴」「第27野戦貨

表2　代田秋造軍事郵便と軍歴

		軍事郵便（年月順）		軍歴		年齢
昭和16年	7月			7月17日	召集。第51師団歩兵第102連隊（水戸）	33
	8月	2	坂隊	8月15日	満州第584部隊ガス隊	
	9月					
	10月					
	11月	1	坂隊			
	12月	4	坂隊			
昭和17年	1月	5	坂隊	1月20日	陸軍一等兵	34
	2月	2	坂隊			
	3月	5	坂隊	3月29日	関東軍第25野戦貨物廠編入	
	4月	3	小林隊	4月4日	鶏寧に向け牡丹江を出る	
				4月5日	獣医資材部移動修理班自動車部	
	5月	8	小林隊2、野々宮隊4、坂田隊2			
	6月	5	坂田隊			
	7月	8	坂田隊			
	8月	5	坂田隊			
	9月	7	三浦隊2、坂隊3、坂田隊2			
	10月	9	三浦隊6、坂隊3			35
	11月	8	三浦隊6、坂隊2			
	12月	5	三浦隊1、第759部隊1、高橋隊2、坂隊1			
	不明	2	西原伍長1、兄幸松宛1			
昭和18年	1月	6	高橋隊5、松村與四三軍事郵便1			
	2月	3	高橋隊3			
	3月	6	高橋隊4、松村與四三軍事郵便1、釣浅次1	3月20日	陸軍上等兵南方派遣	
	4〜12月	6	南海派遣寺崎隊			
昭和19年	1月					36
	2月					
	3月					
	4月			4月25日	東部ニューギニア・ウエワクで第27野戦貨物廠・兵長（戦死により1級昇進）として戦死	

物廠略歴」から、次に2つの野戦貨物廠について簡単に触れたい。

第25野戦貨物廠と第27野戦貨物廠
（1）第25野戦貨物廠

　昭和17年（1942）2月24日に軍令陸甲第16号により編成下令。3月31日に満州国東安省鶏寧県鶏寧で関東軍野戦貨物廠牡丹江支廠を基幹として、第19野戦貨物廠からの転属者、その他の在満各部からの転属者で編成された。代田は3月29日に編入となった。第25野戦貨物廠の配置は次の通りで、任務は国境方面にある物資の集積作業であった。

　本　　廠—東安省鶏寧県鶏寧
　支　　廠—東安省林口県林口・東安省鶏寧県平陽・牡丹江省穆稜県八面通・牡丹江省綏陽県綏陽・牡丹江省綏陽県河東

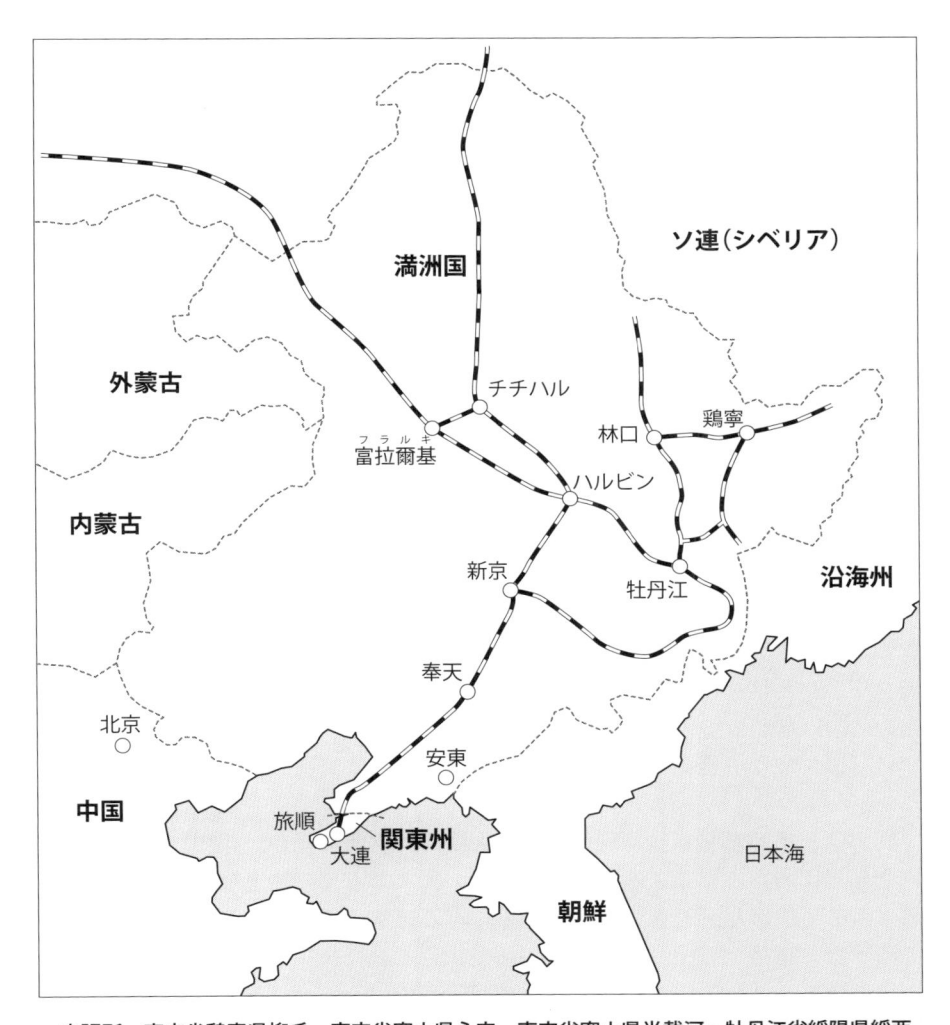

出張所─東安省鶏寧県柳毛・東安省蜜山県永安・東安省蜜山県半載河・牡丹江省綏陽県綏西

　代田が南方に転属した後の昭和20年5月、業務を関東軍野戦貨物廠に引き継ぎ、第一方面軍直轄の貨物廠として、吉林省敦化付近沙河沿に移駐した。任務は軍需品の分散、集積、補給用の道路作業、謀略対策諸施設を実施した。8月9日にソ連と開戦になったため、衣糧諸品の補給に従事し、8月22日に戦闘することなく敦化で武装解除した。

（2）第27野戦貨物廠

　昭和18年（1943）3月20日、満州国新京で編成。3月末釜山を出発。5月1日に「ウエワク」「ハンサ」「ニューギニー」に上陸。6月に本部「マタン」、支

廠出張所を「シオ」「エリセ」「マブルグ」「アレキシス」に置き、11月には支廠出張所を「ハンサ」「ウエワク」「ブーツ」「ホルランジャ」に展開。11月には本部を「ウエワク」に移し、「ボイキン」「アイタベ」に支廠出張所を置いた。

　翌19年「空襲及マラリアに依る損害は地域及時期の如何を問わず全期に亘り不断に多発」。こうした状況下で代田秋造は昭和19年4月25日にウエワクで戦死した。

（3）「第27野戦貨物廠　慰霊」の碑

　愛知県幡豆郡幡豆町三ケ根山には「第27野戦貨物廠　慰霊」の碑がある。昭和61年（1986）10月に建立されたものである。

　三ケ根山の同慰霊碑は、東京裁判で絞首刑になった東条英機ら7人を祀る「殉國七士墓」のすぐ下にある。第三師団通信隊・第二十四師団通信隊・飛行第六十七戦隊・満州第八〇五部隊・騎砲兵第四聯隊・飛行第五十戦隊・南方航空通信聯隊連合会・南支派遣軍沖三七五〇部隊・お町碑・第六十五師団輜重隊・独立自動車第二四八中隊・豊橋歩兵十八聯隊第二中隊の慰霊碑とともに建立されている。

　碑文に「…勇戦敢闘　以て　皇國永遠の彌榮を確信して戦塵の間に斃れられし殉國之忠魂8百64柱を永／久に顕彰せんことを願ひ　この聖地に御慰霊の碑を建立す…」と記され、戦没者の名前が記されているが、確認した限りでは代田秋造の名前はなかった。

（4）『ウエワクー補給杜絶二年間、東部ニューギニア第27野戦貨物廠かく戦えりー』

　同書は、第27野戦貨物廠附陸軍主計大尉の針谷和男氏が、昭和18年9月から約2年半にわたる従軍を同21年に復員し、約1年近く自宅で静養中に断片的に書き留めて置いたメモをもとにまとめ、昭和58年（1983）7月に発行したものであった。

　①表題を「ウエワク」としたのは、同所が東部ニューギニア北岸の要衝で、第18軍最大の拠点で補給基地であり、第27野戦貨物廠にとっても最大の根拠地であった。また、戦況が苛烈の度を濃くしてきた昭和19年1月、ある水産会社派遣嘱託が第27野戦貨物廠の属する第18軍の置かれた状態を"ウエワク"の発音に引っ掛けて"飢惑"（飢惑う）とか"上惑"（上級者、指揮官の戸惑い）などと表現したことが、この地の姿の一側面であった。

　さらに、昭和56年7月、日本政府により戦没者慰霊碑並びに平和公園がウエワクに建設され、戦没された英霊祭祀の場として、遺族及び生存者の心の拠り所となったからであった。

　②副題を「補給杜絶二年間、東部ニューギニア第二十七野戦貨物廠かく戦えり」

としたのは、同部隊は軍需品の保管補給を担当する後方部隊で、戦闘行為をする部隊でないから構成員も訓練を経た精兵でなく、高年次の兵や体力的にも強健と言い難い要員で構成され、軍属も多かった。また、廠長以下の幹部将校のほとんどが、経理・薬剤・獣医などの各部将校で現役者は少なかった。代田秋造も「行年三十八」であった。

「しかし、貨物廠がそのような性格の部隊であろうとなかろうと、又、好むと好まざるに拘わらず、東部ニューギニア作戦の特殊な環境と、つるべ落としに急速に悪化した凄惨な戦況推移の中にあって、第十八軍の隷下部隊として、他の兵団部隊同様、補給杜絶、保有軍需品皆無となった後には、現地での完全自活を策しながら敵を撃墜し、遂には戦闘部隊化して玉砕戦を遂行した結果、終戦に際しては全体の三分の二の犠牲者を出し、四百三十名しか生還し得えなかった」「おそらく全日本軍の歴史において、このような経験を経た野戦貨物廠は、外にあまりない」からであった。

「本書は巷間見かける華々しい戦果、戦歴に輝かしいとか、或はスリルと冒険に富んだ戦記などとは程遠く、むしろ地味で陰惨な記録」であるという。南方（ニューギニア）派遣となってからの代田の軍事郵便は満州から出されたそれと内容が明らかに違ってくるのは、こうした状況が反映していた。

③執筆の動機は「この瘴癘不毛の島で祖国を思って真摯且つ地道に努力し任務に斃れた何百という戦友の鎮魂と追悼の為であり、それ等の方々の活躍の跡をたとえ一部分であろうとも書き残し、顕彰することこそ、生き残って今日ある私達の是非とも果たさねばならぬ使命であろうと思うから」であった。

同書の末尾に「第二十七野戦貨物廠人員表」が収載されている。同表は同貨物廠の人事係担当の大野正三郎主計中尉から昭和52年頃に預かった「人事調書綴」をもとに針谷氏が作成したもので、ここに代田秋造の名前が確認できた。表3は代田が属した獣医資材移動修理班のところを抽出したものである。代田はアイタ

表3　第27野戦貨物廠人員表「獣医資材移動修理班」

区分	生存者	戦死・戦病死者	戦死認定者（消息不明）		内地還送者	他へ転属者	計
将校			獣中Ｔ寺崎作市　獣少Ｔ佐藤啓章			獣少　鈴木美雄	
下士官	獣軍神田敏郎		獣軍Ｔ本間義夫　伍Ｔ松村七蔵		獣軍坂本兼吉		
			獣軍Ｔ豊田一郎				
兵	上井出熊一	上平野俊朗	兵Ｔ杉山正美	兵Ｔ伊藤昇	兵須永清作	兵滝村松三郎	
			上Ｔ川村英太郎	上Ｔ前川市三郎	上中野又一	上根岸竹次郎	
			上Ｔ小浜茂	上Ｔ佐々木米吉		上目賀田実	
			上Ｔ代田秋造	一Ｔ鷲尾広司		上金子政次郎	
			一Ｔ星野敏雄	一Ｔ馬場恭次郎			
			衛兵Ｔ鳥井一雄				
合計	2	1	16		3	5	27

※獣は獣医（獣医部）、衛は衛生。中は中尉、少は少尉、軍は軍曹、兵は兵長、上は上等兵、一は一等兵。
※Ｔはアイタベーホルランジャ間転身中消息不明となった者。

ベーホルランジャ間転進中に消息不明（戦死）となったことが分かった。

第2節　軍事郵便とその研究

軍事郵便

　軍事郵便とは日清戦争からアジア・太平洋戦争まで適用された制度で、戦時中に兵士と兵士を送り出した銃後の人々の間を唯一つなぐコミュニケーション手段（ホットライン）で、戦地にいる兵士からの手紙は生存を証明するものであった。軍事郵便は、戦地・それに準ずる地に派遣されている軍隊・軍艦・水雷艇・軍衙・軍人・軍属及びその他の軍衙の許可を得た者から出された郵便物で、それに宛てた郵便物を指す。戦地から出すことが認められていたものは、書状・小包（公用に限る）で、どれも無料であった。戦地へ出すことが認められていたものは、書状・はがき・毎月1回以上刊行される定期刊行物・書籍・印刷物・写真・小包で、こちらは有料であった[2]。

　軍事郵便の普及のために、①パンフレットやポスターがつくられ、②軍事郵便をメインにした展示会が開催され、③映画やレコードなどが制作された。また軍事郵便専用郵便書簡・便箋が販売された。軍事郵便は戦地からは無料で、銃後からは有料であった。無料の郵便を賄うには有料分を増やす必要があった。軍事郵便を国民に宣伝し、銃後からの手紙を増やすことは、制度を維持するためには不可欠であった[3]。

　軍事郵便は出征兵士の家族だけが書いたものではなかった。国家による軍事郵便の宣伝活動は、国民の全てが兵士の慰問のために手紙を書くよう求めた。特に子どもは学校単位、個人単位でも慰問文を書くことが求められた[4]。代田秋造の手紙にも慰問文を受け取ったことが書かれている。

　軍事郵便のマニュアル本が多く出版され版を重ねた。兵士向け、銃後の男性向け、銃後の女性向け─それらに掲載された模範例には名誉の戦死という建前ばかり紹介するのでなく、無事に生きて帰るという「本音」も紹介された。しかし、それは一部であったという。しかし、軍事郵便を書いた人たちは、マニュアル通りに書いていたわけではないという[5]。代田秋造・房子夫妻も手紙のやり取りの内容は銃後の家庭の相談ごとであった。

　新井勝紘氏によれば、日清戦争期では内地から706万通、戦地から533万通。日露戦争期では発信が2億2448万通余、到着が2億3464通確認でき、日中戦争期は年間4億通もの数が戦地と銃後で交わされたという。しかし、その存在が明らかになっている数は全国で、10数万通程度であるという[6]。

軍事郵便の検閲（部隊内）

　軍事郵便の検閲には部隊内によるものと憲兵によるものがあった[7]。

　部隊内の検閲は次のようであった。明治22年（1889）に制定された大日本国憲法第26条で信書の秘密が保障されていたが、昭和９年（1934）９月27日軍令陸第９号軍隊内務書第288で軍の紀律維持のためには信書の秘密が保障されず、所属隊長により開披されることが認められた。しかし、別紙で説明が加えられ、実施に関しては特に注意する必要があるとして、軍事郵便の開披は慎重に行うよう求められた。だが、この軍隊内務書は昭和18年（1943）８月11日軍令陸第16号軍隊内務令により廃止された。

　検閲は信書の秘密を侵す行為であった。昭和12年３月１日に関参１発第504号関東軍郵便取扱要領は関東軍管区における軍事郵便の受取人である軍隷下部隊一般に軍事郵便の取扱方法を規定した。各部隊に郵便取扱責任者を置き、郵便の取纏めと受領を行わせた。時には開示を求め大丈夫と判断したものに限り「軍事郵便」印の下に証明として印鑑を捺印した。

　同年11月25日には改訂され、軍機保護上の観点から、郵便の表書き等には固有部隊名を記入させた。駐屯する部隊では、中隊長名を冠した〇〇部隊気付〇〇部隊と記された。郵便取扱責任者が「検査」し、検査済の郵便物には確認印を押し、もしその容疑があるものは差出人自身に開披させ調査を行うとした。

　公的文書の中で、郵便物の検閲について記されたものは昭和16年（1941）７月13日に出された陸密第2047号であった。

　　　　　陸密第二〇四七号
　　　　　　軍人軍属ノ通信取扱ニ関スル件陸軍一般ヘ通牒
　　　　　昭和十六年七月十三日　　　　　　　陸軍次官　　木村兵太郎
　　　　時局ニ鑑ミ首題ノ件左記要領ニヨリ七月十三日ヨリ実施スル如ク定メラレタルニ付依命通牒ス
　　　　　　　　左記
　　　　一、当分ノ間陸軍一般ノ軍人軍属（内地、朝鮮、台湾、樺太及満洲ノ営外居住者ヲ除ク）ヨリ発スル私通信（通常郵便物、小包郵便物、電信、電話）ハ通常葉書ノ外之ヲ禁止シ且検閲ヲ厳重ニス但シ内容ヲ具シ中隊長（之ニ準ズ者ヲ含ム）以上ノ許可検閲ヲ受ケタルモノハ此ノ限ニアラズ
　　　　内地、朝鮮、台湾、樺太及満洲ノ営外居住者ハ右趣旨ニ鑑ミ私通信ニ関シ厳ニ戒心ヲ加フルモノトス
　　　　二、派遣輸送中ニアル軍人軍属ハ前号ニ拘ラズ一切ノ私通信ヲ禁止ス

　追加事項のため、同年７月29日に陸密第2297号が出された。

陸密第二二九七号
　　　　軍人軍属ノ通信取締ニ関スル件陸軍一般ヘ通牒
　昭和十六年七月二十九日　　　　　　　陸軍省副官　川原　直一
　七月十二日附陸密第二〇四七号首題ノ件ニ依リ検閲ヲ為シタル郵便物ニハ検閲者ニ於テ検閲
済ノ標記ヲ附シ且捺印スル如ク定メラル
　尚営外居住者差出ノ私信ニシテ部隊名ヲ肩書セル郵便物モ亦前項ニ準ジ取扱フ儀ニ付承知相
成度依命通牒ス
　追テ逓信当局ニ対シ検閲済ノ標記無キモノハ之ノヲ差出人ノ所属部隊ニ返送スル如ク要求セ
ラレアリ
　尚本件実施ニ関シテハ防諜精神教育ト相俟ツテ効果ノ発揚ヲ期セラレ度申添フ

　この２件の通牒の出されたのちの10月４日に逓信大臣が国防上の利益を保護するために、一般郵便物に対して検閲を行うことができるとする緊急勅令第891号臨時郵便取締令が公布、即日施行された。軍事郵便は昭和16年７月13日からはがき以外は禁止された。

　検閲者側にとって検閲は、兵士のプライバシーに踏み入り、いびりや物笑いの種を提供するという性質のものであった。検閲は不穏思想の取締よりも、部隊の所在地や作戦行動など軍事機密の保持に力点が置かれた[8]。

　昭和16年８月に戦地に到着した代田秋造はこのような制約の中で妻・房子と軍事郵便を交わした。

軍事郵便の検閲（憲兵）

　次に憲兵による検閲は次の通りであったという。憲兵が郵便物をどのように行っていたかを記したものは、昭和18年７月１日中支那派遣憲兵隊教習隊長から出された軍事警察の勤務内容を記した教科書、軍事警察勤務教程であった。検閲対象は①「支那郵便局に発着し又は通過する支那人や第三国人、日本軍人軍属並に一般邦人の郵便物、②野戦郵便局における軍人軍属が発受する私用郵便物」であった。①が「郵便諜報及防諜ヲ主眼トシ、併セテ抗日共産思想ノ取締治安上有害ナル事項ヲ警防スル」ため検閲が行われ、②は「軍機保護防諜ヲ主眼トシ、併セテ軍紀風紀思想其他軍事上有害ナル事項ヲ警防スル」と定められた。憲兵の検閲は諜報防諜のため普通郵便を検閲することに重きを置き、軍事郵便の検閲は抜き検閲でも十分であったという。処理がなされた軍事郵便は所属長に通報された。

　検閲の結果の処理として軍事郵便では①「通信内容全部又ハ大部有害不適当ナルモノハ押収」、②「内容一部分有害不適当ナルモノハ其ノ部分切除ノ上発送」という処理方法が取られた。処置が行われた内容は ⅰ 軍機事項、ⅱ 銃後民心前線

将校に悪影響を及ぼすもの、iiiその他に区分された。

　i　軍事事項で処理された理由事項は、部隊の移動及び人員・交代帰還・警備状況・作戦討伐状況・駐屯地・召集徴用状況・部隊名記載・軍需品製造状況・船舶の出港名月日破損状況・飛行場軍事所施設所在地などであった。

　ii　銃後民心前線将校に悪影響を及ぼすもので処理された理由事項は、戦争嫌忌・徴用召集嫌忌・帰還要望・軍隊生活嫌忌・戦死状況・物資不足状況・内地の水害干害状況などであった。

　しかし、検閲を受けたにもかかわらず軍事機密と思われる情報を記載された軍事郵便の存在も確認されているという。

　本書におさめた軍事郵便にも検閲箇所を墨で塗りつぶされたものが３点４箇所確認できる。

軍事郵便の内容と価値

　軍事郵便に書かれた内容について、原田敬一氏は軍事郵便を解読した経験をもとに次の４つに分類できるとしている[9]。

　　a　入営、出征、除隊という節目の挨拶・礼状・通知
　　b　季節の挨拶・慰問品への礼状
　　c　軍隊生活・戦場の感想
　　d　故郷への関心

　軍事郵便は「検閲される事態をおもんばかって、あたりさわりなく書かれることが少なくない」[10]。代田秋造の軍事郵便もこの４分類に当てはまるが、妻・房子からの相談に具体的に応える内容が圧倒的に多いのが特徴である。軍事郵便が兵士の生存確認の意味を持ったため、手紙を書くことと受け取ること双方が喜びを感じる。代田秋造・房子夫妻の大量の軍事郵便もそのことを物語る。しかし、最後になるかもしれない手紙は誰しも書きたくない[11]。代田の書簡の中にも、死を覚悟したものもある。

　軍事郵便の資料的価値について、中野良氏は検閲が介在し、検閲の事実は郵便を書く兵士たちも認識しており、検閲に抵触する内容は書かないか「〇〇」など伏字で書く、暗号を使うといった自主規制を加える例も多かったが、次のように述べている[12]。

　軍事郵便や従軍中につけた日記といった資料は、兵士たちの戦争体験に関するリアルタイムの記録である。兵士の戦争体験については、戦後多数の回想録が出版された。それらも戦争の実態を伝える貴重な記録ではあるが、戦争から一定の時間が経過した段階での記録であり、執筆時の筆者自身や日本社会の価値観が反映されている。その点軍事郵便は、従軍していた当時

における日々の見聞や心情の記録であり、手紙に綴られた心情や価値観は戦後の価値転換を経る前のものである。そのため、兵士たちが実際にどのような価値観を抱いていたのかを知る重要な手がかりとなる。…検閲が介在するため、実際の体験そのものが書かれるとは限らないし、また書かれるにあたって兵士自身が情報を取捨選択することも多いのだが、そうした取捨選択そのものが一つの価値観であると見ることもできるだろう。

その研究

　財満幸恵氏によれば、歴史学的観点から軍事郵便を含む軍事史の研究は遅れていた。その理由を吉田裕氏の「戦争や軍隊に対して強い忌避感を示すとともに、戦争の肯定や軍―学共同につながるとして、軍事研究全般に対して強い警戒心を抱いて」いるためとの指摘を上げ、それが戦後50年を過ぎる1990年代に入ると状況が変化したという。国立歴史民俗博物館が兵士の実像をさぐることを目的に共同研究を行い、岩手県和賀郡藤根村（北上市）で教員をしていた高橋峯次郎に宛てられた七千通を超える軍事郵便の再調査を行ったことをきっかけに、共同研究者の一人である新井勝紘氏が軍事郵便そのものに着目し、軍事郵便のあり方を検討していくことの必要性を説き、軍事郵便研究が発表されるようになったという[13]。

　新井勝紘氏「『軍事郵便文化』の形成とその歴史力」に軍事郵便を翻刻して本になった1980年代から2010年代までの30年間のデーターが紹介されている。それを年代順にまとめると表4のようになる。

表4　軍事郵便の翻刻本

年代	冊
1980年	9
1990年	11
2000年	23
2010年	3

　新井氏は「これまで数十年もの間眠っていた軍事郵便が、今まさに冬眠から覚めて、地上に這い出してきたという感じである。21世紀に入っても、その勢いはおさまらない。むしろ2000年代に入ってから、急増しているといえるだろう」と指摘している。

　このような研究成果によって、後藤康行氏によれば、軍事郵便は現在、次のように認識されるようになった[14]。

　検閲があったとはいえ、軍事郵便には建前やステレオタイプの内容ばかりが記されていたのではない。そこには、送り手の本音も記されていた。だからこそ、軍事郵便は兵士やその家族の様々な想いが込められている資料として、現在では認知されてきたのだといえる。

　目を群馬県に転じると、群馬県で軍事郵便の研究がなされたのは、丑木幸男氏『群馬県兵士のみた日露戦争』（みやま文庫、2008年）であった[15]。同書によれば、丑木氏が群馬県佐波郡境町史編纂事業に携わっていた時に、大量に保存されてい

た旧役場文書の中に「明治三十八年第四月　征露紀念　境町軍友会」と上書きがしてある桐箱を発見し、その中に軍事郵便が保存されていたのが分かった。全部で333通あり、宛先はほとんどが境町軍友会で境町尚武会宛ても３通あった。その内容は軍友会の慰問活動に対する礼状が中心であるが、兵士が戦地のさまざまな情報も書き送っていた。「日露戦争という非常時に、ふるさとに残った青年と戦地に行った青年兵士との交流が軍事郵便という文字を通して生まれた」という。

　同書は333通全文を収載紹介したものではない。『境町史歴史編下』（1997年）によれば、境町から36人が召集された（上等兵以下11人、補充兵15人、雑卒10人）。同通史編下では、飯島幾次郎・本田仙太郎・渡辺連次の各１点、合計３通の書簡が取り上げられているだけである。境町史では境町史資料集第１〜６集まで発行しているが、333通の軍事郵便を資料集とせずに、丑木氏が個人研究として単行本で紹介したのは、前述した全国的な研究の流れの中に位置づけるためであったと思われる。本の表題が『群馬県兵士のみた日露戦争』となっているが、群馬県内各地域の兵士の軍事郵便を分析対象としているわけではないので、『群馬県佐波郡境町兵士のみた日露戦争』というのが正確である。ともあれ、軍事郵便の研究は群馬県では現在までこれが唯一である。したがって、日中戦争期、アジア・太平洋戦争期の軍事郵便の研究はまだない。

　自治体誌では日中戦争、アジア・太平洋戦争期の軍事郵便を収めたものはあるが、紙数の関係もあり紹介された軍事郵便の点数は多くない。軍事郵便の研究が本格化した時期に発行された群馬県内の自治体誌に館林市史がある。『館林市史資料編６近現代Ⅱ　鉱毒事件と戦争の記録』（625頁、2010年）は、第２章「戦争の記録と記憶」で「４、戦地からの便り─日中戦争拡大の中で─」の項目を設け、20人の出征兵士が戦地から出した48通の書簡を収めている。このうち数量が最も多いのは、高崎市にあった歩兵十五連隊に入営し、昭和12年８月以降、中国戦線に従軍した寺田芳太郎が弟・性作に宛てた軍事郵便14通である。

　また、令和６年（2024）５月22日付東京新聞群馬・栃木版は、「旧満州からの軍事郵便見つかる」と題して、沼田市出身の兵士が郷里の両親へ出した軍事郵便について小松田健一記者が取り上げ、大々的に報じた。出征兵士の栃原利雄氏は昭和19年（1944）11月に召集され満州国の首都・新京（長春）で通信兵を勤め、敗戦と同時にシベリアに抑留され、48年11月に帰国した。45年８月15日の敗戦直後まで約９カ月間に書かれた19通の軍事郵便が、長男の茂男氏による遺品整理中に発見されたという（うち２通は別人が差出人で、１通は群馬県民生部。２通とも戦後のもの）。

　寺田芳太郎、栃原利雄両氏の軍事郵便と比較しても、本書で収めた100点余りの軍事郵便は一人の兵士の書簡としてその数量は群を抜いて多く、群馬県ではア

ジア・太平洋戦争期の軍事郵便の初めての研究となる。

代田秋造の軍事郵便

　鹿野政直氏は軍事郵便について次のように述べている[16]。「近代になってからということに限定しての話になるが、声の届くほどの距離、表情や動作を認識しうるほどの距離を越える場所にいる人々相互にとって、だいたい一九五〇年代までは、郵便は、意志や情報を伝えあう手段として圧倒的な比重をもっていた」。「そんな通信文は通常、用件・挨拶・消息を、多くは複合して伝えるという役割を担った。そのなかでここで対象とする軍事郵便の場合、消息を伝えるという役割が、基本的な機能であったことはいうまでもない。安否を知りたいという欲求は、兵士とその家族や知人の双方、ことに兵士が戦場に送られている場合、家族において痛切であった」。「その意味で軍事郵便は、極言すれば書かれてある内容にも増して、書かれたということ自体が本人の生存の証明であった。実際、中国戦線に五年にわたって従軍した兵士青木一は、応召にさいして配偶者に、無事の証明として一日一信を約束し（逆にいえば、通信のとだえたときは戦没を覚悟するようにとなる）、千六百通を超す葉書を書きつづけた」。

　代田秋造は戦地に到着すると、「通信もこちらから葉書だけ許可になりました。便りを下さい」と妻に手紙を促した。妻からの便りが途絶えると、「別に変つた事はないか」と心配し、手紙が着き次第、返事を書くよう催促した。その結果、秋造・房子夫妻は100通を超える書簡を交わすことになった。戦地の代田が家族の安否確認を求めた。その返信が代田の軍事郵便となった。そこに代田の軍事郵便の内容的な特徴があった。

第3節　代田秋造と家族

代田秋造家

　代田秋造の二男・昌弘氏が群馬県保健福祉部国保援護課に請求してくれた書類によると、次のことが判明した。

　代田秋造は「昭和2年壮丁名簿」によれば、明治40年（1907）10月20日（他の書類では21日）に群馬郡東村下新田（前橋市下新田町）に生まれた。戸主は兄・幸松、学歴は「高小卒」、職業は「自動車運転手」で、昭和2年（1927）4月「本籍連隊区高崎」、兵種「輜重輸卒」、「本籍抽選番号38番」、陸軍補充兵として2年12月1日から同15年3月31日まで編入された。徴兵適齢年齢である20歳になると、壮丁として徴兵検査を受けた。甲種合格者はくじ引きで入営した。代田秋

造も例外なくその運命に従った。

代田家では「運転免許を取得していたため、戦地で重宝に使われ、なかなか帰還できなかった」と伝えられている。身長は 5 尺 2 寸 5 分（159cm）であった。

昭和16年（1941）7 月17日、臨時召集により陸軍 2 等兵として歩兵第102連隊（水戸）に応召となった。妻・房子は大正 2 年（1913）6 月29日に東京で生まれた。夫妻には昭和13年（1938）生まれの長男・知之、同15年（1940）生まれの二男・昌弘がいた。出征時に秋造33歳、房子28歳、知之 3 歳、昌弘 1 歳であった。いまも健在の昌弘氏は「 1 歳のことなので父のことは全く記憶にない」という。

写真 1

写真 1 は出征前に撮影された家族写真である。

前橋空襲

昭和20年（1945） 8 月 5 日、前橋市はアメリカ軍の空爆を受けた。代田家は南曲輪町（桃井小学校の東）にあった。昌弘氏によれば、長男・知之（ 7 歳）氏は群馬郡東村上新田の親戚へ疎開していた。母・房子氏と昌弘氏（ 5 歳）の二人で南へ、六供方面へ逃げた。

上毛航空繊維株式会社六供工場（上毛撚糸）の門のところで力尽き、昌弘氏は母に「死のう」と言われたが、昌弘氏が嫌がったので母は思いとどまったという。同社六供工場は『戦災と復興』によると全焼した。

隣村の上川淵村へ行く人がいて、その人について行き、小屋に泊めてもらった。南曲輪町の代田家は全焼であった。

秋造の戦死

代田秋造の軍事郵便の最後は南方から送った昭和18年12月と思われるものである。その 4 ヵ月後の翌19年 4 月25日に「ニューギニア島東部ニューギニアウエワク島に於て戦死」した。

しかし、「臨時陸軍軍人届（昭和二十年三月一日午前零時現在）」には「最近ノ面会、通信等ニ依リ承知シアル本人ノ所属部隊ノ名称」の欄に「南海派遣猛筑波第二六八九部隊寺崎隊」と書かれ、「右ノ所属部隊ヲ承知セル根拠」の欄に「昭和拾九年参月弐日」と書かれていた。

死亡が知らされたのは、昭和23年４月２日付の次の公報であった。秋造の戦死から４年が経っていた。

　　　群一世公第　　　號
　　　　　　　死 亡 報 告 書（公報）
　　　本籍群馬縣前橋市南曲輪町
　　　　　　　　　　代 田 秋 造
　　　右は昭和十九年四月二十五日時刻不明
　　　ニューギニア島東部ニューギニア／ウエワクに於て戦死に認定せられました
　　　右報告します

　　　昭和廿参年四月貮日　　群馬縣知事　北 野 重 雄
　　　　　　前橋市長殿

秋造の慰霊

　代田秋造の墓は、群馬郡東村から出征し戦没しながら、敗戦により慰霊ができなかった兵士13人とともに、昭和27年（1952）４月、下新田の墓地内に建立された。同じ規格の13基の墓の中に代田秋造の墓がある（写真２）。墓石正面には「南光院誠薫義勇居士」と戒名が刻まれ、墓石左側には「父吉五郎母トメ次男代田秋造／昭和十九年四月廿五日ニューギニアニテ戦死ス　行年三十八才」、裏面には「昭和二十七年四月代田知之建之」と刻まれた。

　戦没者戒名についても、徳目が張り付けられた[17]。代田秋造には「誠薫義勇」という徳目が付けられた。

　『東村々誌』には、「太平洋戦争の戦歿者」の中に「住所：上新田一、四四四　階級：兵長氏名：代田秋造　戦病死年月日：昭和一九・四・二五　戦歿場所：東部ニューギニア・ウエワク遺族代表者：妻　房子」とある[18]。

　代田知之氏と昌弘氏は平成20年（2008）10月18日〜 25日に実施された「平成20年度東部ニューギニア慰霊巡拝」（厚生労働省）に参加した。写真３はそのときのものである。

引用・参考文献
（１）新井勝紘「「軍事郵便文化」の形成とその歴史力」『郵政資料館研究紀要』第２号、2011年３月。

写真２

（2）新井勝紘「軍事郵便の基礎的研究（序）」『国立歴史民俗博物館研究報告』第126集、財団法人歴史民俗博物館振興会、2006年1月。新井勝紘「軍事郵便のもつ″歴史力″に魅かれて―その収集・保存・公開・研究について―」『昭和のくらし研究』第16号、昭和館、2018年3月。後藤康行「戦時下における軍事郵便の社会的機能―メディアおよびイメージの視点からの考察―」『郵政資料館紀要』第2号、2011年3月。

写真3　手を合わせる知之氏

（3）後藤康行「戦時下における軍事郵便の社会的機能―メディアおよびイメージの視点からの考察」『郵政資料館研究紀要』第2号、2011年3月。

（4）（3）に同じ。

（5）（3）に同じ。

（6）新井勝紘「パーソナル・メディアとしての軍事郵便―兵士と銃後の戦争体験共有化―」『歴史評論』第682号、2007年2月。

（7）財満幸恵「軍中の軍事郵便とその検閲について―日中戦争から終戦までを中心に―」『紀要昭和のくらし研究』8号、昭和館、2010年3月。以下、断りがない限り同論文による。

（8）鹿野政直「軍事郵便にみる兵士―高橋峯次郎宛通信をおもな素材として―」『国立歴史民俗博物館研究報告』第101集、2003年3月。

（9）原田敬一「日清・日露戦争と軍事郵便」『歴博第189号―特集軍事郵便と戦争・兵士―』、歴史民俗博物館振興会、2015年3月。

（10）藤井忠俊「総論」『村と戦場[共同研究]近現代の兵士の実像1』、国立歴史民俗博物館研究報告第101集、2003年。

（11）新井勝紘「軍事郵便の基礎的研究（序）」『国立歴史民俗博物館研究報告』第126集、財団法人歴史民俗博物館振興会、2006年1月。

（12）中野良「軍事郵便から読み解く総力戦」『歴博第189号―特集軍事郵便と戦争・兵士―』、歴史民俗博物館振興会、2015年3月。

（13）財満幸恵「軍中の軍事郵便とその検閲について―日中戦争から終戦までを中心に―」『紀要昭和のくらし研究』8号、昭和館、2010年3月。

（14）後藤康行「戦時下における逓信博物館の軍事郵便展示」『逓信総合博物館研究紀要』第4号、2013年3月。

（15）石井寛治「日本郵政史研究の現状と課題」（『郵政資料館研究紀要創刊号、2010年3月』が丑木の同書を取り上げている。

（16）（8）と同じ。

（17）（8）と同じ。

（18）『東村々誌』、東村誌編纂委員会、1959年。

第1章　夫の出発はどのように知らされたか

　第1章には、代田秋造が応召してから日本を出発するまでの間、伯母・みつが出した封書と千葉県・市川の東部74部隊に配属された湯沢初太郎が出した軍事郵便の2点を収めた。伯母・みつが出した書簡がキーペーパーの一つとなる。

　代田秋造は昭和16年（1941）7月17日、陸軍二等兵として水戸にあった歩兵第102連隊に応召となった。『水戸歩兵第二聯隊史（関連部隊略史併載）』（水戸歩兵第二聯隊史刊行会、1988年）によれば、軍備改編により昭和15年（1940）8月21日第14師団管下に第51師団の編成が下令され、水戸屯営で歩兵第102連隊が編成された。兵員は歩兵第二聯隊から転入の現役兵を主体に編成され、第51師団第51歩兵団に編入された。9月7日には歩兵第二聯隊の満州移転に伴い、水戸歩兵営駐屯となった。同16年7月16日動員下令により編成に着手し、応召者を編入して8月4日に完結。総員は3924人であった。代田はその一人であったと思われる。

　しかし、同書によると歩兵102連隊は8月16日に水戸駅を出発。「見送る人影も少ない駅頭を、よろい戸を下した列車で征途についた」とある。その後、同連隊は23日に満州葫蘆島に上陸、1カ月錦州に滞留。南支那派遣軍の隷下に入り、10月1日広東省黄埔港に上陸。広東―九竜間の警備を命じられ、中国軍と各所で小戦闘を繰り返した。

　代田の『履歴書』によると、「8月3日部隊派遣のため水戸駅出発」「8月11日関東州大連上陸」とあるので、歩兵102連隊と分かれて出征した。そのことを代田知之（みつ）封書代田房子宛（**No.1-1-1**）は裏付けている。

　この封書は消印が昭和16年7月23日であるが認め日は8月4日となっている。東京に住む伯母・みつが秋造の長男・知之の名で出した。秋造が8月3日に中央線で出会った見知らぬ女性に「明4日に出征する、3日の午後6時から7時に品川駅に来れば会えるから、伯母に伝えてくれるように」頼んだが、その女性が伯母の電話番号を忘れて電話を掛けたのが6時40分になってしまい、みつが品川駅へ駆け付けたのが7時25分過ぎとなり、代田に会えなかったことを書き記した書簡であった。

　文中に「スパイが多い世の中」とあることから、差出人の住所も書かずに差出人名も本人でなく、3歳の長男・知之の名にした。代田の応召が7月17日、出発が8月4日。この間の家族、親族の心情が語られている。伯母・みつは慰問袋に金銭なども入れて戦地に送り、代田を励ましたことが、代田の房子宛の軍事郵便で分かる（**No.2-1-2④**）。

　なお、**No.2-1-14**で代田は「昨日浅草の伯母さんから便りを戴き…」と書いて

いるので、伯母・みつは浅草に住んでいたと思われる。

　また、湯沢初太郎は**No.3-5-9**などの軍事郵便の内容から、代田の会社の同僚と思われる。

代田知之（みつ）封書代田房子宛
No.1-1-1
（1）差出人
　住所：（記載なし）
　氏名：代田知之
（2）宛名
　住所：前橋市南曲輪町二七
　氏名：代田房子
（3）認め日
　昭和16年8月4日
（4）消印日
　昭和16年7月23日
（5）その他情報
　封書
（6）本文
　聞き度も聞かれないニース。私の手紙出したのは昨三日の程でした。其日の六時四十分に、どこから知らぬ四十才前後と思はれる婦人の声でモシモシお宅の御親籍で前橋から御出征して居る方が有りますか。ハット思て有りますと答へたら今日其兵隊さんと中央線で逢いまして明四日にイヨイヨ戦地へ立ツ。是か

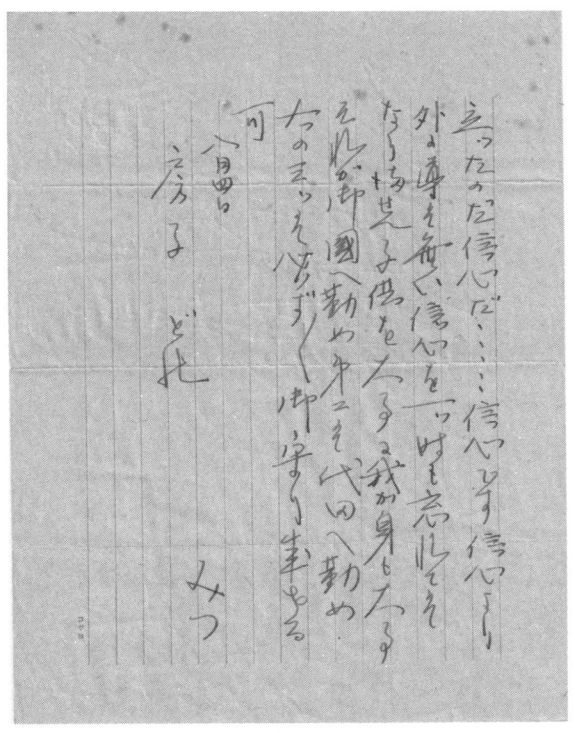

写真4

ら六時ヨリ七時迠での間に品川駅に当着する由へそれ迠に駅へ来られヽバ。（ヨソナガラ）でも逢へるが萬一時間が間に不合ば其事を房子や姉さん達に知らせてくれろと其婦人にたのんだけれど其婦人が電話の番号を忘れて小一時間ばかりまごまごして居る中にトウトウ六時四十分に内へかける様な事になりた……。私の心の中はどうで有りたか察してもらいたい。六時から七時迠の間に品川駅当着スルのに六時四十分の知らせでは羽がはゑて、とんで行きたら兎も角も。とても間に合ふ。きづかいは無い。ヨシッたとへ逢へぬ迠でも出立の時間の都合上三十分や一時間位いは駅に居かも知れないからと思て清七と二人で家を出たのが七時十分前。品川へ着したのが七時二十五分。行て見れば兵隊さんは一人も居らない。其時の清七の顔……。私の心の中……。手紙には書ない……。アアあの婦人がせめてもう一時間か三十分早く知らせてくれたら逢へたろう。代田も、あの婦人が言づけしてくれたから伯母さんが来て居るだろうと定めし

眼をキョロキョロしてさがしたろうと思と家へ帰る氣もしないで淋しい駅の中に八時過ぎ迄で、あの雨の中を二人共無言で立て居たがスパイの夛い世の中由へ、いつ迄居てもはてしがつかないから帰って来たが物は考へようだ。毎日毎日代田は今頃どうしたか戦地へはまだ行かぬかなぞと心配して居た處へ、はからずも明四日に出立と聞いただけでもうれしいと思た……サアサア泣いてなぞ居られないよ。今日代田は戦地へ立ッたのだ。信心だ……。信心です。信心より外に導は無い。信心を一ッ時も忘れてはなりません。子供を大事に我が身も大事。それが御國へ勤め。オニは代田へ勤め。右の三ツは必ず必ず御守り成さる可

八月四日

　　房子どの　　　　　　　　　　　　　　　　　　　　　　　　みつ

市川市東部74部隊伊隊湯沢初太郎ハガキ代田秋造・家族宛

No.1-1-2

（1）差出人

　住所：市川市東部七十四部隊伊隊

　氏名：湯沢初太郎

（2）宛名

　住所：群馬懸前橋市南曲輪町

　氏名：代田秋造様　御家内様

（3）消印日

　昭和16年8月4日

（4）その他情報

　郵便はがき　検閲済　森田印

（5）本文

　拝啓時下初秋の候となりました。其の後は皆々様にわ御変りありません。御蔭様で無事軍務に服し居りますから御安心下さい。御主人様も元気で現地で一心に軍務精励致し居る事と思い私しも安心して居ります。皆々様留守中わ宜敷御願い致します。皆々様元気で御暮らし居る様に蔭なから御祈り申上ます

第2章　満州国黒龍江省フラルキ満州第584部隊坂隊から

第1節　フラルキ満州第584部隊坂隊から

　代田秋造の『履歴書』によると、昭和16年8月15日に満州龍江省フラルキに到着し満州第584部隊ガス隊に転属となった。本節には同部隊坂隊から出された軍事郵便28点を収めた（写真5）。

　No.2-1-1は「本日無事大陸に到着致し上記の場所に入隊致しました」の文面から8月15日に満州第584部隊坂隊（ガス隊）に配属になった直後に出された軍事郵便第1号であった。「通信もこちらから葉書だけ許可になりました。便りを下さい」と、ここから戦地と内地（銃後）の手紙の往復が始まった。

　しかし、**No.2-1-2**は軍事郵便であるが封書である（写真7、8）。坂隊長検閲済みの封書には4回分の手紙が入っていた。①と②はその文面から水戸の歩兵102連隊に入隊してから出発までに内地で書いたものである。③④は戦地からであるが、12月8日の日米開戦のことが述べてあり、③は昭和16年11月、④は12月に書かれたものであることが分かる。出発前に内地で書かれたものと戦地に着いて3、4カ月後に書かれた書面が一緒に入っているが、その理由は分からなかった。③には「日朝点呼後舎前にて半身裸體にて体操するが家に居る時より元気で風一ツ引かず張りつて居る。御蔭で目も一度もおこらない」と書かれていて、代田には目の持病があり、心配していたことが分かる。「昭和2年壮丁名簿」によると、「右　1.0　軽症トラホーム　左　0.3　左中心性網膜炎」と所見が記されていることから、これを心配していたのであろう。また④からは昭和16年は内地から慰問袋や手紙がたくさん届き、代田の会社から決算

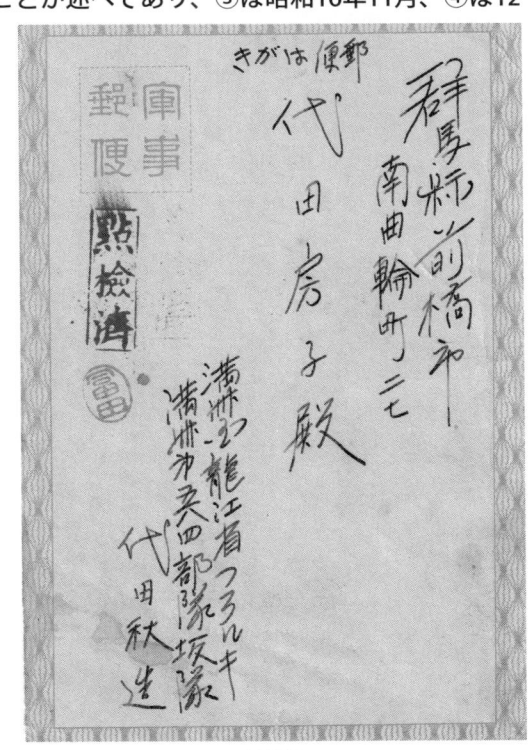

写真5

報告も送られたことが分かる。

　No.2-1-4では内地の物資不足を心配しながら、「送るなら甘い物及び但馬やの豆類でも良い」と注文を付けている。但馬屋は前橋で豆菓子を販売する店舗として有名であった。

　No.2-1-5では、11月17日付の手紙以来、妻からの便りがないので「別に変つた事はないか」と心配し、手紙が着き返事を書くよう催促した。その結果、秋造・房子夫妻は100通を超える書簡を交わすことになった。No.2-1-8では、前橋市中川町の竹内中尉が一時帰国し代田家を訪問し様子を語ったことだろうと記したが、竹内中尉が未だ代田家を訪問していないという返信をもらい、No.2-1-11では竹内中尉はまだ内地の別の部隊に

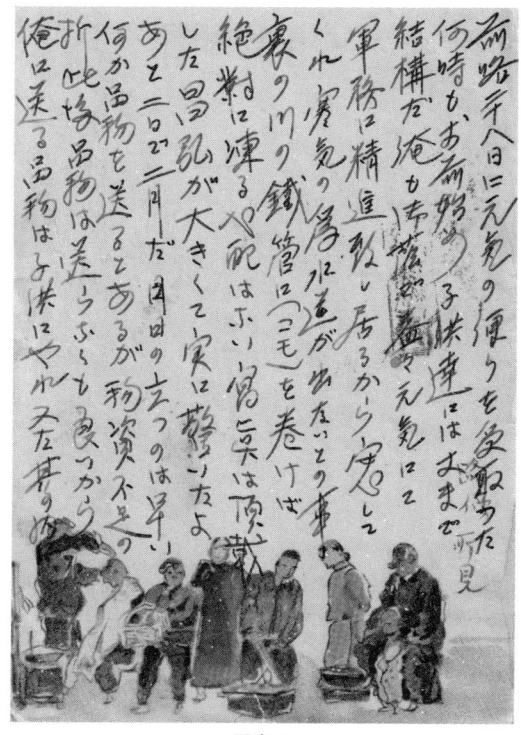

写真6

いるのであろう、竹内家を訪問する必要はないと伝えた。他の書簡からほかにも「紅雲町の町田さん」（No.2-1-13）、「駒形町の松村與四三」など一時帰国する兵士に言付けを頼んでいることが分かる。代田には一時帰国する機会が訪れなかった。竹内中尉宅が分かり調査したが、関係資料は見つからなかった。

　No.2-1-10では戦友から絵葉書をもらい長男・知之に見せろと送ったところ、二男・昌弘と喧嘩になり可哀そうだが、もう絵葉書はないことを伝えた。内地の妻・房子は戦地の夫・秋造に軍事郵便で何でも相談した。No.2-1-12では寒さで水道が凍って困ったことを知らせると「裏の川の鉄管に（コモ）を巻けば絶対に凍る心配はない」と助言。おそらく普段は秋造が対策として行っていたのであろう。また、No.2-1-12で「物資不足の折此後品物は送らなくも良いから俺に送る品物は子供にやれ」と戦地から内地の家族を見守った（写真6）。

　出征して6カ月も過ぎると、3歳であった長男・知之も父を恋しがった。No.2-1-14に「知之もお前と同じく淋しいのでさぞ待つて居る事だらう」と書かれている。夫・秋造が出征して8カ月も過ぎると妻・房子の心労も募った、

No.2-1-16では「俺の留守は心を大きく持つて留守を守れ。それがお前のつとめである」「あと三日で御節句だね。まだ相変らず空風かね。では又其の内に。元気で暮せ。くよくよするな。楽しく暮せ」と妻に寄り添う言葉をかけた。

　No.2-1-18で「お前が心配している車庫の件空地共に一ケ月二十円で貸てあるのだから向ふの家で空地を貸すのは差使ない。但し弟に借ておくので出征して居るから車庫をつぶして家を建てるなどと言ふ事は馬鹿を言ふにもあきれた者」と、出征中の大問題が車庫料であった。「車庫はどうなたか」、「毎月車庫料が振り込まれているか」と書簡で問い続けた。もう一つの問題は会社からの給料の問題であった。No.2-1-19では同じように出征している職場の同僚である竹淵・湯沢の妻と共に会社に交渉に行ったことが分かる。

代田秋造軍事郵便代田房子宛満州国龍江省富拉爾基満州第584部隊坂隊
No.2-1-1
（1）差出人
　　住所：満洲国龍江省富拉爾基満洲第五八四部隊坂隊
　　　　　　　　　フ ラ ル キ
　　氏名：代田秋造
（2）宛名
　　住所：群馬縣前橋市南曲輪町二七
　　氏名：代田房子
（3）認め日
　　昭和16年8月（推定）
（4）その他情報
　　軍事郵便　点検済　白井印　郵便はがき
　　絵葉書の文章
　　「名もしれない冬枯立に集團部落の味はひ！平和は王道樂土を語つてゐる。北満風景」
（5）本文
　　其の后子供達は元気ですか。お前も定めし達者の事と思ふ。私も御蔭で元気に運務に勉んで居る故御安心下さい。本日無事大陸に到着致し上記の場所に入隊致しました。又通信もこちらから葉書だけ許可になりました。便りを下さい。元気で運務に勉んで居りますから小生の事は心配せず子供の養育に注意して下さい。身を大切に。

No.2-1-2
（1）差出人
　　住所：満洲国竜江省フラルキ満洲第五八四部隊坂隊
　　氏名：代田秋造
（2）宛名
　　住所：群馬縣前橋市南曲輪町二七
　　氏名：代田房子

（3）認め日

　①②は水戸に入隊した時のもの。②に昭和16年「7月31日」とある。

（4）その他情報

　軍事郵便　隊長検閲済　坂印　点検済み　富田印

　封書　4回分の手紙が入っている。

（5）本文

①　御蔭で無事入隊した。お前には身を大切にせよ。小供の養育に十分注意してくれ。自分も元気で毎日運務に勉んで居るから安心しろ。書面の行かぬ内は内地に居るのだから心配するな。兄及び富士屋に宜敷傳へてくれ。小生の事は少しも心配するな。毎日元気で居る。書面の来た事も他人口外するな。自分の部隊は機械科秘密部隊である。

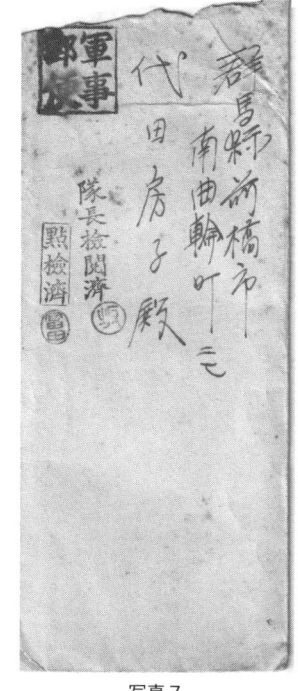 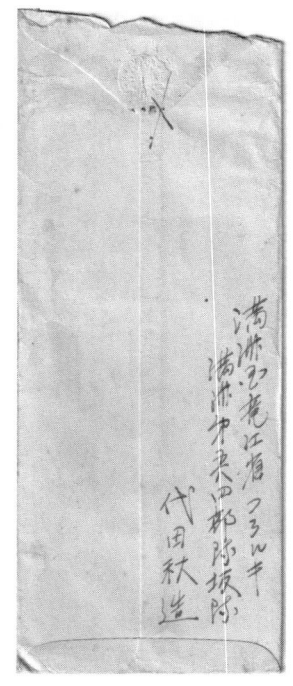

写真7　　　　　　　　写真8

やつとの事で秘密に書面が出せたのだ。書面は禁止されて居る。小生の事は心配するな。

　　　房子　　　　　　　　　　　　　　　　　　　　　　　　　代田

②　此の頃の天気には実に困るだらうね。知之昌弘お前もみんな元気だらうね。僕も此の頃は軍隊生活になれてとても元気に働き居るから小生の事は心配するな。僕の入隊後も近所の人が召集になつたと思ふ。内地に居る内は軍の命令で書面は出す事を厳禁されて居る。○○に到着すれば手紙が許可になる事と思ふ。近々の中に○○に出発する事と思ふ。僕の事は心配するな。子供の養育に注意してくれ。お前には身を大切にせよ。元気で自分の気持を大きく持て。兄富士屋に宜敷く。寫眞も出来た事と思ふが書面が許可になり次才送附してくれ。○○に行つてからの事だ。

　　　房子　　　　　　　　　　　　　　　　　　　　　　　　　代田

　　　七月三十一日

　　　　　　　　　　　　　四、五日前に手紙が届いた事と思ふ。

③　今日は才三日曜だ。昨夜は雪だつたが今日は無風の良い天気だ。外出も許可せられて居るが戦友と営内にて休養して居る。知之昌弘お前には其の后定めし達者の事と思ふ。俺も此の頃は満洲の気気にもなれ又た此の頃の気気は非常に暖かいよ。但し朝夕は相当に冷る。日朝點呼後舎前にて半身裸體にて体操するが家に居る時より元気で風一ツ引かず張きつて居る。御蔭

で目も一度もおこらない。昨日竹渕君から元気の便りが来た。俺も今早速返事を出した。過日日髙の敏子から便りがあり富美雄さんは熱帯地にて一生懸命ですと書いてあつたが南の方にでも行つたかね。車庫はやはり石井さんが使用して居るか。次に寫真を同對する。此れは十月に寫したのだ。後列の二人は現役の戦友だ。俺とならむで居る人は召集兵で東京の人だ。内地の此の頃は寒いだらう。其の上気臭不順であればくれぐれも子供達の養育に注意してくれ。

　　　　房子

　　　　　　　　　　　　　　　　　　　　　　　代田秋造

④　前略

　今日は十四回目の便りありがとう。便りに依ればお前如め子供達には益々元気との事異郷より喜んで居る。今日は東京の伯母さんから結構なる慰問品を澤山に頂戴致しました。戦友と分けあつて戴いた。物資不足の析種々御心配に預り恐縮致し早速御礼の手紙を出した。お前も御礼を出してくれ。内地も大分雪が降つて寒さも厳しいだらう。くれぐれも身を大切に。又たお前達は出征軍人の家族だと言ふところから何かと近所の人たちから親切にして戴いて居るであらうが決してそれに甘へぬやう。次に寫眞を撮つたから（五枚）送る。此れは去る八日英米に宣戦布告をした記念すべき日に撮つたのです。山梨と東京の伯母さんに一枚づつやつてくれ。俺は御陰で此の通り元気旺盛だから安心してくれ。二、三日前千代治から便りがあつた。上新田の姉さんが此の間宿つたそうだね。小相木のお松さんに御無沙汰して済まなかつた。すつかり忘れていた。今になつてはしかたがないから年賀状を出す。今日会社から決算報告が来た。又た其の内に便りする。

　　　　房子殿

　　　　　　　　　　　　　　　　　　　　　　　代田秋造

No.2-1-3

（1）差出人

　住所：満洲国龍江省富拉爾基満洲第五八四部隊坂隊（印字）

　氏名：代田秋造

（2）宛名

　住所：群馬縣前橋市南曲輪町二七

　氏名：代田房子

（3）到着日

　昭和16年11月11日

（4）その他情報

　軍事郵便　点検済　白井印　郵便はがき

（5）本文

　今日は良い天気だ。矛九囘目の便り三十一日に来た。お前如め子供達元気との事俺も安心して御奉公が出来る。今日は明治節で遥か東方明治神宮の空に遙拝し外出も許可せられたが戦友と営内にて今日は休んで居るよ。此の頃は満洲の気候にもなれ益々元気だから仕事などかまわず子供達を相手に呑気に暮して居れば良い。小荷物が届ば富士やにも御礼の手紙を出す。又たあすから元気に演習だ。近所へ宜敷く傳へてくれ。体を大切に。早々

No.2-1-4

（1）差出人

　住所：満洲国龍江省フラルキ満洲第五八四部隊坂隊

　氏名：代田秋造

（2）宛名

　住所：群馬縣前橋市南曲輪町二七

　氏名：代田房子

（3）到着日

　昭和16年12月5日

（4）その他情報

　軍事郵便　点検済　富田印　郵便はがき

　絵ハガキの絵は「長城の燉台」

（5）本文

　元気の便りありがとう。下新田の市郎君及び富士や両家に見舞の手紙を出した。倉林さんにも御礼の書面出した。俺も御蔭で益々元気だ。安心してくれ。送り物は物資不足の折無理して送るな。送るなら甘い物及び但馬やの豆類でも良い。身を大切に。御茶は入らない。

No.2-1-5

（1）差出人

　住所：満洲国龍江省フラルキ満洲第五八四部隊坂隊

　氏名：代田秋造

（2）宛名

　住所：群馬縣前橋市南曲輪町二七

　氏名：代田房子

（3）到着日

　昭和16年12月16日着

（4）その他情報

　軍事郵便　点検済　富田印　郵便はがき

　絵はがきの絵　荷物を背負ったラクダの隊列が砂漠を歩く絵　「砂漠を越えて」

（5）本文

　此の頃便りがないが別に変つた事はないか。十一月十七日付の便りあつただけだ。別に変りがなければ良いが此の手紙の着き次㐧返事をくれ。俺は御蔭で何時も元気で居るから安心して下さい。今日八日愈々日本も英米に戦宣布告だね。舎内にてラジオでニュースを聞いた。兎に角此の手紙の着き次㐧返事をくれ。向寒の折体を大切に。御近所に宜敷く傳へてくれ。俺は益々元気だ。

No.2-1-6

（1）差出人

　住所：満洲国龍江省フラルキ満洲第五八四部隊坂隊

　氏名：代田秋造

（2）宛名

　住所：群馬縣前橋市南曲輪町二七

　氏名：代田房子

（3）到着日

　昭和16年12月24日

（4）その他情報

　軍事郵便　点検済　富田印　郵便はがき

（5）本文

　今日は便りありがとう。暫らく便りがないので心配した。皆々元気で安心した。過日東京の伯母から送り物の知らせ中島の兄貴が前橋へ行つた事を及び近所の人姉様方が親切にして下さると書いてあつた。去る八日に外出して寫真を撮つたから其の内に送る。愈々英米に宣戰布告だね。子供を相手に仲々大変だらうが宜敷くたのむ。俺は御蔭で益々元気旺盛だ。安心してくれ。物資不足の折だから無理して送るな。一日おきに酒保、軍隊の賣店で饅頭が買へる。甘い物には不自由ない。心配するな。

No.2-1-7

（1）差出人

　住所：満洲国龍江省富拉爾基満洲第五八四部隊坂隊

　氏名：代田秋造

（2）宛名

　住所：群馬縣前橋市南曲輪町二七

　氏名：代田房子

（3）認め日

　昭和16年12月（推定）

（4）その他情報

　軍事郵便　点検済　富田印　郵便はがき

　「セキヲユヅリマセウ　かずのぶ」の文字と電車内で小学生が傷痍軍人に席を譲る絵。

（5）本文

　拝啓　酷寒の裃と相成り其の后子供達皆々元気の事と思います。前橋も名物の空風にて随分寒いだらう。俺は御陰で北満の皇軍兵士の一員として元気で軍務に精進致し居るから安心してくれ。愈々英米に宣戰布告だね。お前も責任の一曽重大なるを痛感するだらう。今日は十三日曜だ。こんな絵葉書を戦友に載いたから知之に見せてやれ。お前も年末にて中々忙しいだらう。益々寒さも厳しき折身を大切に其の内に寫眞を送る。

No.2-1-8

（1）差出人

　住所：満洲國竜江省フラルキ満洲第五八四部隊坂隊

　氏名：代田秋造

（2）宛名

　住所：群馬縣前橋市南曲輪町二七

氏名：代田房子

（3）到着日

昭和17年1月10日

（4）その他情報

軍事郵便　点検済　富田（印）

Post　Card

「カラダヲキタエテゴホウコウ」、「かずのぶ」のサイン入り絵

（5）本文

　皆々元気で二六〇二年を迎へた事と思ふ。俺も御蔭で大元気で雪の拡野で新年を迎へた。次に（竹内中尉殿）市内中川町の人が訪問色々御話を聞た事と思います。隣組御一同様に全部年賀状を出した。思へば早いものだ。暑い日も過ぎ正月となったね。新年も時局柄質素の事だらう。厳寒の折御身大切に。

No.2-1-9

（1）差出人

　住所：満洲国竜江省富拉爾基満洲第五八四部隊坂隊

　氏名：代田秋造

（2）宛名

　住所：群馬縣前橋市南曲輪町二七

　氏名：代田房子

（3）到着日

昭和17年1月14日

（4）その他情報

軍事郵便　山本印　郵便はがき

（5）本文

　今日四日は御便りありがとう。送物も受取つたから安心してくれ。お前には子供達を相手に楽しく元気で暮して居るとの事異郷にて嬉んで居るよ。俺も御蔭で雪の拡野で大元気にて新年を迎へました。配給にて餅も澤山食べられないだらうが大東亜建設の爲又銃後の勤めであります。昨日の便りにも一寸書いたが竹内中尉殿（市内中川町酒店の主人）が訪問され色々と御話を聞いた事と思ふ。あの人は俺達と一緒に来た将校です。五日までは正月気分で外出する者酒を呑む者で楽しい日がつづいた。送物ありがとう。では体を大切に。サヨナラ

No.2-1-10

（1）差出人

　住所：満洲国龍江省富拉爾基満洲第五八四部隊坂隊

　氏名：代田秋造

（2）宛名

　住所：群馬縣前橋市南曲輪町二七

　氏名：代田房子

（3）到着日

昭和17年1月21日

（4）その他情報

　軍事郵便　点検済　富田印　郵便はがき

（5）本文

　去る十日便りありがとう。皆々壮健にて新年を迎へ何より嬉しい。俺も御蔭で益々元気にて雪の拡野で新年を迎へたから安心してくれ。絵葉書はもうない。喧嘩をしては可哀想だつた知之も三輪車に乗つて遊ぶやうになつたか。富美雄君は暫らく便りがなく敏子も心配だらうが場合に依つては出せぬ時もあるだらうから心配せぬやう話せ。湯沢君は内地に居るので外宿も出来るので妻君や子供達が大喜びだらう。昨日矛二日曜日には外出した上新田にお客に行くとの事。お前が気が向いたら親類歩きをしたら良いだらう。俺は至極元気だ。

No.2-1-11

（1）差出人

　住所：満洲国龍江省フラルキ満洲第五八四部隊坂隊

　氏名：代田秋造

（2）宛名

　住所：群馬縣前橋市南曲輪町二七

　氏名：代田房子

（3）認め日

　昭和17年1月（推定）

（4）その他情報

　軍事郵便　点検済　富田印　郵便はがき

（5）本文

　元気の御便り十九日二十一日とありがとう。今日は髙崎の兄さんが一月五日に俺の家の前で寫した寫眞を三枚送つてくれた。子供達は皆大きくなつたね。昌弘は特に肥つて大きくなつた。十九日には東京の伯母さん及び野村さん（隣り）から御便り頂いた。今日は午後七時より慰問映画を見物に行く。次に竹内中尉殿は一月四日頃より七日頃の間に行つたかと思つたから書いたのだ。別にお尋ねする必要はない。まだ内地の部隊に居るかもしれない。自分は竹内中尉殿が帰られる時元気で居るから安心するやうと事傳を頼んだだけ。竹渕君が奥さんに話したやうな事の話も有るがその時にならなければ分らない。嚴寒の吳御身大切に。

No.2-1-12

（1）差出人

　住所：満洲国龍江省フラルキ満洲第五八四部隊坂隊

　氏名：代田秋造

（2）宛名

　住所：群馬県前橋市南曲輪町二七

　氏名：代田房子

（3）認め日

　昭和17年1月（推定）

（4）その他情報

　　軍事郵便　点検済　富田印　郵便はがき　絵はがき　人々の暮らしの絵

（5）本文

　　前略二十八日に元気の便りを受取つた。何時もお前始め子供達には丈夫で結構だ。俺も御蔭で益々元気にて軍務に精進致し居るから安心してくれ。寒気の爲水道が出ないとの事裏の川の鐵管に（コモ）を巻けば絶對に凍る心配はない。寫眞は頂戴した。昌弘が大きくて実に驚いたよ。あと二日で二月だ。月日の立つのは早い。何か品物を送るとあるが物資不足の折此後品物は送らなくも良いから俺に送る品物は子供にやれ。又た其の内。

No.2-1-13

（1）差出人

　　住所：満洲国竜江省フラルキ満洲第五八四部隊坂隊

　　氏名：代田秋造

（2）宛名

　　住所：群馬縣前橋市南曲輪町二七

　　氏名：代田房子

（3）到着日

　　昭和17年2月21日

（4）その他情報

　　軍事郵便　点検済　富田印　郵便はがき

（5）本文

　　昨日は御便りありがとう。一同元気との事なにより。昌弘は風を引いたとの事だが全快して何よりです。今日は紀元節で営内で休養する者や外出する者もある。過日は大雪との事仲々大変だつたらう。内地はそろそろ暖かくなるだらう。北満も三月になつたらいくらか暖かになると思ふ。紅雲町の町田さんと言ふ方が尋ねたか。二月一日に内地へ郷つた方だ。俺は御蔭で何時も元気だ。安心してくれ。東京の伯母さんから昨日便りも頂戴した。岡本さんには其の内に御悔みを出す。気候不順なればくれぐれも体を大切に。御近所へよろしく。草々

No.2-1-14

（1）差出人

　　住所：満洲国龍江省富拉爾基満洲第五八四部隊坂隊

　　氏名：代田秋造

（2）宛名

　　住所：群馬縣前橋市南曲輪町二七

　　氏名：代田房子

（3）認め日

　　昭和17年2月（推定）

（4）その他情報

　　軍事郵便　点検済　富田印　郵便はがき

（5）本文

十二日元気の便りありがとう。何時も皆々達者との事嬉んで居る。御蔭で俺も相変らず元気にて精進致し居るから安心してくれ。昨日浅草の伯母さんから便りを戴き二十六日大雪の中を前橋へ行つて来た。子供達や近所の様子を知らせてあつた。拾円同封して来たので実に恐縮した。御礼を出してくれ。此後は慰問品や○は絶對に必要ないから心配せぬやう言ふてくれ。知之もお前と同じく淋しいのでさぞ待つて居る事だらう。車庫料を月々拂込ぬとの事だが良く記入しrunておけ。次に富美雄君から便りがあつたとの事日髙の御両親様敏子も大嬉びだらう。上新田でも安心したらう。只今お前と一緒に敏子から便りがあつた。では又其の内に。元気で楽しく暮せ。

No.2-1-15
（1）差出人
　　住所：満洲国竜江省富拉爾基満洲第五八四部隊坂隊
　　氏名：代田秋造
（2）宛名
　　住所：群馬縣前橋市南曲輪町二七
　　氏名：代田房子
（3）到着日
　　昭和17年3月3日
（4）その他情報
　　軍事郵便　点検済　富田印　郵便はがき　絵はがきの絵　道遠き旅
（5）本文
　　昨日二十日には元気の便りありがとう。内地は今年は随分寒さが厳しいやうだね。上新田から送附下されし餅は去る十三日到着致し戦友と分けあつて頂戴した。十四日頃御礼の手紙を出した。東京の亡母の法事があるなら都合して行つたらどうか。車庫は向の家で世話をして石井さんが使用して居るか。上新田の大工の家にも悔みを出す考へだ。次に日髙の敏子から一昨日便りがあつたが今だに富美雄君から何の便りもないと心配して居つた。御蔭で俺は至極元気旺盛だから○は受取つた。此れからは必要ない。送るな。安心してくれ。

No.2-1-16
（1）差出人
　　住所：満洲国龍江省富拉爾基満洲第五八四部隊坂隊
　　氏名：代田秋造
（2）宛名
　　住所：群馬縣前橋市南曲輪町二七
　　氏名：代田房子
（3）到着日
　　昭和17年3月12日
（4）その他情報
　　軍事郵便　点検済　富田印　郵便はがき
（5）本文
　　元気の便りありがとう。暫らく便りを出さず心配を掛けたね。町田さんにことづけを瀬んだ

ので安心して居つた。俺は何時も相変らず元気だ。安心してくれ。町田さんから色々と話を聞いて安心した事と思ふ。今日は町田さんから便りを頂戴しお前始め子供達も皆元気で留守を守つて居るからとの便りを頂いた。久留馬学校高等科一年生松井志津江さん（裏の寶来屋）から慰問の手紙を頂戴した。俺も其の内に手紙を出すが宜敷く傳へてくれ。此の頃向の家の兄姉はお前にどうか。東京の伯母からの便りに依れば此の頃は良くしてくれると書いてあつたがとにかく俺の留守は心を大きく持つて留守を守れ。それがお前のつとめである。此の前も書いたが三月下旬東京の法事には都合して行くやうたのむ。二月も今日で終りだ。あと三日で御節句だね。まだ相変らず空風かね。では又其の内に。元気で暮せ。くよくよするな。楽しく暮せ。サヨナラ。

No.2-1-17

（1）差出人

　住所：満洲国龍江省富拉爾基満洲第五八四部隊坂隊

　氏名：代田秋造

（2）宛名

　住所：群馬縣前橋市南曲輪町二七

　氏名：代田房子

（3）到着日

　昭和17年3月12日

（4）その他情報

　軍事郵便　点検済　富田印　郵便はがき

（5）本文

　二十七、八日と元気の便りありがとう。子供達一同達者との事何よりだ。俺も御蔭で何時も相変らず元気で御奉公出来るのも神佛の御蔭とお前の一生懸命神佛に御祈りしてくれる御蔭と感謝して居る。北満も一月頃から見ると大分温度も上り暖かくなつた。町田さんが郷る頃より十度以上暖かになつたよ。シンガホールも陥落致し昭南島と変り皇軍の向ふ処敵なしだね。内地は陥落祝は実に賑かだつたね。俺達も赤飯で酒、饅頭を澤山に頂戴した。過日フミ子さん及び寶来やの志津江さんから便り頂いたから今日一緒に出す。宗川君や田中さんは相変らず居るか。過日上新田の大工及び岡本さんに悔み状を出した。此の手紙の届く頃は内地も相当暖かになるだらう。子供達も此れからは暖かくて遊ぶにも遊び良い事だらう。俺は一度も風を引いた事もなし。病気は絶對にした事はないから俺の事は絶対に心配するな。自分の身を護り子供達の身を護り留守はなにもくよくよせず楽しく暮せ。では又便りする。サヨナラ。

No.2-1-18

（1）差出人

　住所：満洲国龍江省富拉爾基満洲第五八四部隊坂隊

　氏名：代田秋造

（2）宛名

　住所：群馬縣前橋市南曲輪町二七

　氏名：代田房子

（3）到着日

　昭和17年３月30日

（4）その他情報

　軍事郵便　点検済　富田印　郵便はがき

（5）本文

　昨十八日便りありがとう。皆々達者の様子何よりだ。俺も御蔭で何時も元気だから安心してくれ。お前が心配している車庫の件空地共に一ヶ月二十円で借してあるのだから向ふの家で空地を借すのは差使ない。但し弟に借ておくので出征して居るから車庫をつぶして家を建るなどと言ふ事は馬鹿を言ふにもあきれた者だが心配するな。俺の留守はその位の大ぼらを吹くかも知ぬ。只問題は車庫料を月々拂込めば良いと思ふ。俺の方から請求しやうか、それ共今少し請求せずに置か返事をくれ。竹渕君の言ふやうな事をやはりどこでも言ふて居るよ。あまり永い事はないと思ふ。宗川君も俺の車庫と言ふ事は承知しているはづだが俺が留守だからそんな事を言ふて来たのだらう。請求はどうするか返事をくれ。

No.2-1-19

（1）差出人

　住所：満洲国龍江省フラルキ満洲第五八四部隊坂隊

　氏名：代田秋造

（2）宛名

　住所：群馬縣前橋市南曲輪町二七

　氏名：代田房子

（3）到着日

　昭和17年３月31日

（4）その他情報

　軍事郵便　点検済　富田印　郵便はがき

（5）本文

　元気な便りありがとう。一同何時も達者にて暮し居るとの事故結構だ。御蔭で俺も元気で御奉公致し居るから安心してくれ。内地は随分暖かくなり子供達も気候が良いので嬉んで遊ぶ事だらう。俺も近々中に場所が変るから便りは出さぬやう。場所が決定次第便りするから便りがなくも心配無用だ。竹渕湯沢両妻君と一緒にあの件で会社へ行くとの事結構な話だ。俺も竹渕君が後で便りを出した通りだ。当分の間はないよ。でも心配は無用元気で向ふの家の者の言ふ事なぞ気に掛けるな。通知まで。

No.2-1-20

（1）差出人

　住所：満洲国竜江省フラルキ満洲第五八四部隊坂隊

　氏名：代田秋造

（2）宛名

　住所：群馬縣前橋市南曲輪町二七

　氏名：代田房子

（3）到着日

　昭和17年9月12日

（4）その他情報

　軍事郵便　点検済　白井印　郵便はがき

（5）本文

　昨日は御便り有りがとう。子供達も御前も元気の由なにより結構です。寫真も届きました。小包は送れないとの事です。只今の所は不事由の品物は有りませんから心配しないで下さい。昨日御近所に全部御礼の書面を出したから御安心下さい。次に会社の人名簿が有るから手数でも住所を書いて送つてくれ。急がなくも良い。「フラルキ」の只今の気堯は十月頃の気堯ですが小生も益々元気で軍務に勉み居る故心配は無用です。会社の人が御出の際はお前から宜敷く傳へて下さい。今の所外出も出来ないから満洲の様子も分りません。前橋、髙崎方面の人が同じ中隊に五人ばかり居る。留守中は身も大切に子供の養育に十分注意して下さい。御近所へ宜敷く傳言下さい。早々

No.2-1-21

（1）差出人

　住所：満洲國龍江省富拉爾基満洲第五八四部隊坂隊（印字）

　氏名：代田秋造

（2）宛名

　住所：群馬縣前橋市南曲輪町二七

　氏名：代田房子

（3）到着日

　昭和17年9月18日

（4）その他情報

　軍事郵便　白井印　郵便はがき

（5）本文

　拝啓　時下秋令の候。九月三日発送の書面十一日拝見致しました。子供達も元気との事故異郷の空より喜んで居ります。内地からは封筒でかまわないから封書で出して下さい。只今の所別に入用の品物も有りませんから入用の時は書面を出します。本日湯沢君から手紙がきました。当地北満は十一月頃の気候と思われますが益々元気で居りますから何卒御休心下さ〔い〕。又湯沢君にも便り出しますから。又近所や市内に変た事が有ったら書いてくれ。細かい事はこちらからは書けません。身を大切に。早々

No.2-1-22

（1）差出人

　住所：満洲國龍江省富拉爾基満洲第五八四部隊坂隊（印字）

　氏名：代田秋造

（2）宛名

　住所：群馬縣前橋市南曲輪町二七

　氏名：代田房子

（3）到着日

昭和17年9月30日

（4）その他情報

軍事郵便　点検済　白井印　絵はがき　川のある風景画

（5）本文

　暫らく御無沙汰しました。昨日は便りと寫真有がとう。知之及び昌弘も大きくなつたね。皆な達者の由喜んで居ります。過日の矛三日曜には外出しフラルキ町に行き満人のサーカスを見た。言葉は分らぬが面白かつた。昨日は彼岸の中日でフラルキにある忠霊塔に参拝し市内を見物した。北満は見渡す限りコーリン畑やアハ畑です。過日北曲輪町派出婦の吉田さんから便りをもらつた。返事を出さぬから宜敷く傳へてくれ。株主の住所を有りがとう。此度書面を出す時はしまいに矛何回目と書いてくれ。俺は益々元氣で居るから安心してくれ。兄の家にも手紙を出（す）。富士屋から一度も便りがないが別に変つた事はないか。では身を大切に。早々

No.2-1-23

（1）差出人

住所：満洲國竜江省フラルキ満州第五八四部隊坂隊

氏名：代田秋造

（2）宛名

住所：群馬縣前橋市南曲輪町二七

氏名：代田房子

（3）到着日

昭和17年10月6日

（4）その他情報

軍事郵便　白井印　郵便はがき

絵はがき「満洲風俗　高価な掘出し物がある骨董店」「A curio-dealer shop where exhibited many curious and valuable articles, Manchoukuo」

（5）本文

　前略御免下され候。其の后は御無沙汰致しました。子供達も皆な丈夫の事と思ふ。俺も益々元気旺盛軍務に精勵致し居る故御安心被下さい。次に此度便りは十月十四日頃まで出さぬから承知下さい。先は乱筆にて。時節柄身を大切に。早々

No.2-1-24

（1）差出人

住所：満洲國龍江省富拉爾基満洲第五八四部隊坂隊（印字）

氏名：代田秋造

（2）宛名

住所：群馬縣前橋市南曲輪町二七

氏名：代田房子

（3）到着日

昭和17年10月21日

（4）その他情報

　軍事郵便　点検済　白井印　郵便はがき

（5）本文

　暫らく御無沙汰致しました。内地も朝夕は涼しくなつたらう。十月二日付便り野営地にて十月九日受取りました。十三日朝無事郷営致し益々元氣だから御安心下さい。書面に依れば子供達もお前も達者との事嬉んで居る。過日は高崎へお客に行つたそうですね。子供達が嬉んだらう。次に手数でも（シヤツ及びジボン下軍手二足送つてくれ。㐧一日曜には子供常会で皆々様と敷島公園に遊びに行つたそうですね。定めし子供達が嬉んだ事だらう。高崎の家も御礼の手紙を出す。御近所へも宜敷く傳へてくれ。会社の人々からも過日会社の事に付書面を戴きました。身を大切に。早々

No.2-1-25

（1）差出人

　住所：満洲國龍江省富拉爾基満洲第五八四部隊坂隊（印字）

　氏名：代田秋造

（2）宛名

　住所：群馬縣前橋市南曲輪町二七

　氏名：代田房子

（3）到着日

　昭和17年10月29日

（4）その他情報

　軍事郵便　点検済　白井印　郵便はがき

（5）本文

　暫らく便りを出さぬが別に変りなくお前如め知之昌弘も定めし元氣の事と思ふ。又た近所にも変つた事は有りませんか。フミ子さんからの手紙に依れば防空演習があつたそうだが子供達を相手に中々大変だつたらう。俺も御蔭で至極元気で軍務に精進して居るから安心してくれ。内地も朝晩は寒くなつたらう。昨日は清正神社の大祭で外出した。当地も夜中は氣候が下るが日中は暖かいよ。俺の事は心配せず子供達の養育に注意して下さい。先は氣候不順なれば身を大切に。早々

No.2-1-26

（1）差出人

　住所：満洲國龍江省富拉爾基満洲第五八四部隊坂隊（印字）

　氏名：代田秋造

（2）宛名

　住所：群馬縣前橋市南曲輪町二七

　氏名：代田房子

（3）到着日

　昭和17年11月10日

（4）その他情報

軍事郵便　点検済　白井印　郵便はがき

（5）本文

　便り有りがとう。廿一日付便り廿九日及び卅一日と二度届いた。皆々元気との事何よりだ。俺も益々元気で軍務に精進して居るから心配は無用だ。色々送り物してくれたそうだが送り物は二週間以上かゝるらしいから届いたら兄の家に礼を出す。中村さんも新婚草々大変だね。湯沢君から過日便りが来た。俺の家の事も書いてあつた。皆元気だから安心する様と。フラルキも寒いが防寒具が支給されたから寒さも心配ない。時節柄身体を大切にせよ。又便りする。サヨナラ。

No.2-1-27

（1）差出人

　住所：満洲國龍江省富拉爾基満洲第五八四部隊坂隊（印字）

　氏名：代田秋造

（2）宛名

　住所：群馬縣前橋市南曲輪町二七

　氏名：代田房子

（3）到着日

　昭和17年11月20日

（4）その他の情報

　軍事郵便　点検済　富田印　郵便はがき

（5）本文

　便りありがとう。五日発送の便り十二日に受取つた。皆々元気との事何よりだ。俺も御蔭で益々元気旺盛で居るから安心してくれ。寫真ありがとう。昌弘知之も大きくなつたね。湯沢君の家族は実に気の毒だが内地に居る事だから近い内になんとかなるだらう。月給は時局柄しかたがない。会社の連中も過日其の事を知らせて来た。俺寫真はもう少しまして。呑気に子供達と暮して居ればよい。東京の叔母さんが過日行つたらう。又た其の内便り出す。

No.2-1-28

（1）差出人

　住所：満洲国龍江省富拉爾基満洲第五八四部隊坂隊

　氏名：代田秋造

（2）宛名

　住所：群馬縣前橋市南曲輪町二七

　氏名：代田房子

（3）到着日

　昭和17年12月16日

（4）その他情報

　軍事郵便　点検済　富田印　郵便はがき　絵はがき　牛をひく人

（5）本文

　其の后はしばらく御無沙汰したがお前始め子供達には元気にて楽しく暮して居る事と遠際

〔察ヵ〕する。俺も御蔭で至極元気旺盛で軍務に精進して居るから安心してくれ。御近所にも変つた事はないか。上州名物のからつかぜが強いだらう。富士ヤの隆ちやは全快した事と思ふ。年末も近き事故何かと忙しいだらう。過日、山梨、東京、上新田、高崎から便りが有つた。俺は益々元気だから心配せず子供達及び火の元に注意してくれ。

第2節　兄への手紙

　代田秋造が兄・幸松に宛てた軍事郵便を1点収めた。

代田秋造軍事郵便代田幸松宛満州国龍江省富拉爾基満州第584部隊坂隊
No.2-2-1
（1）差出人
　　住所：満洲國龍江省富拉爾基満洲第五八四部隊坂隊（印字）
　　氏名：代田秋造
（2）宛名
　　住所：群馬縣前橋市南曲輪町一五
　　氏名：代田幸松
（3）その他の情報
　　軍事郵便　点検済　白井印　郵便はがき　絵はがき　軍服姿の人
（4）本文
　　前略　其の后は思いながらなにやかやで御無沙汰して済みません。悪からず御用捨の程願上候。貴家御一同様には定めし御達者の事と推察申上ます。当フラルキ方面は去る十二日雪が沢山降り風が強く只今は電気も故障して居ります。留守中は何かと御世話様になり重ねて御礼申上ます。降て小兵御蔭で元気で軍務に勉勵致し居ります故何卒御休心の程。先は乱筆にて。時節柄十分御身大切に。早々

第3節　伍長からの手紙

　代田秋造が所属した坂隊の上司である西原栄次郎が秋造の妻・房子に宛てた軍事郵便1点を収めた。代田が他部隊に転属となったため、伍長の西原がそれを知らせたものである。
　文中に「軍隊に置いては文書等も十分注意されておりますので詳細の点御知らせ致す事が出来ませんが」と書きながら、同じ所属部隊の「八木原君が貴宅を御尋いたす事と思いますからその節御聞き下さい」と記す。その時、「代田君のシヤツを持参するはずですから御承知願ます」と書いているのは、どういう意味か分からなかった。

西原勇次郎（伍長）軍事郵便満州国龍江省富拉爾基第584部隊坂隊発代田秋造・御家内御一同宛

No.2-3-1

（1）差出人

　住所：満州龍江省富拉爾基第五八四部隊坂隊

　氏名：西原勇次郎

（2）宛名

　住所：群馬縣前橋市南曲輪町二七

　氏名：代田秋造御家内御一同

（3）その他情報

　軍事郵便　点検済　富田印　郵便はがき

（4）本文

　拝啓、皆様にも御変も無く銃後のため御活躍乃事と存じます。小兵は代田君と共に軍務に盡しています西原伍長です。代田君も元気に軍務に努力致されて居ますから御安心下さい。皆様も總べてに御存知と思いますが軍隊に置いては文書等も十分注意されておりますので詳細の点御知らせ致す事が出来ませんが代田さんも近い中異つた方面から御便すると思います。好い事に八木原君が貴宅を御尋いたす事と思いますからその節御聞き下さい。その節代田君のシヤツを持参するはずですから御承知願ます。先ずは御知らせまで。早々

第3章　満州国の移動した部隊から

第1節　満州第9832部隊小林隊

　小林隊から出された軍事郵便5点を収めた。**No.3-1-1**、**No.3-1-2に一時帰国す**る「天川原の八木原さん」に託したと「毛糸のシヤツ」のことが出てくる。**No.3-1-3では「内地は敵機の空襲あり京浜間大坂地方は損傷ありし様子。銃後国**民も一増緊張され職域奉公に邁進する事だろう。戦争だから国民も空襲ぐらい覚悟せなければ」と励ます。

　No.3-1-5では、「次に保険の事であるが目先の事を考えず将来の事を良く考へ又子供達の事を考へる時保険だけは一ッもやめむやう頼む。子供達には近所の子供と同じ位になんでもしてやれ」と、戦地から子どもの将来を気遣った。

代田秋造軍事郵便代田房子宛満州国牡丹江第45軍事郵便所気付満州第9832部隊小林隊
No.3-1-1
（1）差出人
　　住所：牡丹江第四五軍事郵便所気付満州第九八三二部隊小林隊
　　氏名：代田秋造
（2）宛名
　　住所：群馬縣前橋市南曲輪町27
　　氏名：代田房子
（3）認め日
　　昭和17年4月6日
（4）その他情報
　　軍事郵便　内容点検済　津本印　郵便はがき
（5）本文
　都合で暫らく便りが出せず其の后皆々達者の事と思ふ。俺も何時も大元気にて軍ムに精進致し居る故安心してくれ。東京は今日あたり桜の満開かね。前橋は十日頃は満開だらう。当地は半年ぶりに雨が降つた。天川原の八木原さんと言ふ方に毛糸のシヤツを頼んでやつたが訪ねてくれたか。俺の様子も聞いた事と思ふ。車庫料は、俺が請求しやうか。其の内に御近所へも御便りする。取急ぎ通知まで。

No.3-1-2
（1）差出人
　　住所：牡丹江第四五軍事郵便所気付満州第九八三二部隊小林隊
　　氏名：代田秋造
（2）宛名
　　住所：群馬縣前橋市南曲輪町27

氏名：代田房子

（3）認め日

昭和17年4月15日

（4）その他情報

軍事郵便　内容点検済　小林印　郵便はがき

（5）本文

　前略。其の后お前如め子供達には達者の事と思ふ。俺も御蔭で何時も元気にて御奉公致し居る故安心してくれ。此の前も書いたが八木原さんが訪ねてくれたか。又シヤツは届いたかね。皆様からの便りに依れば内地は昨年より暖かく桜花の満開も四月の初旬だつたそうだね。当地も十二日は一日中雪が降つたが気温は暖かく春の陽気が訪れて来た。十二日には上新田、髙崎、宗川、國民学校、道弥の友人等から便りが五八四部隊から廻送されて来た。今日あたりはお前の処へ便りが届いている事と思ふ。草々

No.3-1-3

（1）差出人

住所：牡丹江第四五軍事郵便所気付満洲第九八三二部隊小林隊

氏名：代田秋造

（2）宛名

住所：群馬縣前橋市南曲輪町27

氏名：代田房子

（3）認め日

昭和17年4月23日

（4）その他情報

軍事郵便　内容点検済　三浦印　郵便はがき

（5）本文

　元気の御便り廿二日に受け取つた。何時も皆々達者との事嬉んで居る。俺も御蔭で大元気で精勵致し居るから安心してくれ。八木原君より色々と話を聞いた由安心した事と思ふ。西原伍長には俺の方から便りが出せぬと思つたから頼んでおいたのだ。知之も昌弘も随分大きくなつたらう。そして知之は少しは話相手になるかね。宗川君では又女の子では祖母さんや宗川君がゞつかりするだらう。髙崎へ行つて子供達は定めし喜んで遊んだらうね。車庫の件はそのままにしておく。当地方は一昨日は一日中雨だつたが今日は良いお天気だ。春らしくなつた。別に外の仕事をする事もないではないか。内地は敵機の空襲あり京浜間大坂地方は少しは損傷ありし様子。銃後国民も一増緊張され職域奉公に邁進する事だらう。戦争だから国民も空襲ぐらい覚悟せなければ。では身を大切にサヨナラ

No.3-1-4

（1）差出人

住所：牡丹江第四五軍事郵便所気付満州第九八三二部隊小林隊

氏名：代田秋造

（2）宛名

住所：群馬縣前橋市南曲輪町27

氏名：代田房子

（3）認め日

昭和17年5月4日

（4）その他情報

軍事郵便　内容点検済　小林印　郵便はがき

（5）本文

　今日は元気の便りありがとう。お前達には何時も達者で何よりだ。俺も御蔭で元気で張切つて居るから安心してくれ。仕事をするのは結構だがお前始め子供達の体に良く注意して仕事をしてくれ。向ふの家の者に付いては気にかけるな。俺が何事も良く承知して居る。此の間は風を引いたそうだが大変だつたろう。俺は軍隊に来て力がなくなつたのか風を引いた事がないよ。あははあはは。次に八木原君に此の間大分御世話になつたとあるがあまり世話にならぬやう。性質は良く知らぬが注意して俺の留守中は自分で何事もやれ。頼む事があれば海上か親類へ頼め。

No.3-1-5

（1）差出人

住所：牡丹江第四五軍事郵便所気付満州第九八三二部隊小林隊

氏名：代田秋造

（2）宛名

住所：群馬縣前橋市南曲輪町27

氏名：代田房子

（3）認め日

昭和17年5月7日

（4）その他情報

軍事郵便　内容点検済　小林印　郵便はがき

（5）本文

　御便りありがとう。お前達一同何時も元気の由よろこんで居る。御蔭で俺も元気で奉公致し居る故安心してくれ。次に保険の事であるが目先の事を考へず将来の事を良く考へ又子供達の事を考へる時保険だけは一ッもやめむやう頼む。子供達には近所の子供と同じ位になんでもしてやれ。保険の掛金とか品物を買込む場合は貯金を拂下げて使用し〔た〕ら良い。なんでもかんでも貯金を拂下げるなと言ふのではないのだから必要の品物は買つた方が良い。向ふの家の者なぞ何を言ふとかまう事はない。何か急ぎの事でも出来たら髙崎でも上新田でも相談してやれ。又便りする。

第2節　満州第9832部隊野々宮隊

　野々宮隊から出された軍事郵便4点を収めた。**No.3-2-1・No.3-2-2**には長男の知之がハシカに罹ったことを知り、頼まれた品物を満州で探そうとしたが、内地

より早く満州は統制されていたため無理であることと、二男の昌弘にハシカが移るのではないかと心配した。

予感が的中し昌弘も感染。「昌弘が良くなる迄便りは良いから看護してやれ」（No.3-2-4）と気遣った。昌弘のハシカは長引いた。全快したのは、代田が次の坂田隊に移ってからであった（No.3-3-1・No.3-3-2・No.3-3-3・No.3-3-4）。ずっと戦地から心配した。

No.3-2-2とNo.3-2-3は一緒に出したもの。絵葉書のため文章量が通常のハガキより足りなく2枚となった。

No.3-2-4の「宮内君は会社の運転手の弟さんで五八四に居る時は度々俺を訪ねてくれて話し合つた事がある」の文面から、代田が最初に配属された満州国第584部隊ガス隊にいたときに、同僚の弟が会いに来てくれていたことも分かる。

代田秋造軍事郵便代田房子宛満州国牡丹江第45郵便所気付満州第9832部隊野々宮隊

No.3-2-1

（1）差出人

　住所：牡丹江第四五軍事郵便所気付満洲第九八三二部隊野々宮隊四

　氏名：代田秋造

（2）送付先

　住所：群馬縣前橋市南曲輪町二七

　氏名：代田房子

（3）認め日

　昭和17年5月12日

（4）その他情報

　軍事郵便　内容点検済　津本印　郵便はがき

（5）本文

　便りありがとう。知之はハシカとの事良く看護し出来るだけ養生してやれ。お前から頼まれた品物あるかどうかさがして見るがあてにはならぬ。満洲は内地より早く統制されて居るのだから中々手に入らぬと思ふ。兎に角唯（誰）かに頼んで買つてもらうやう心掛けてくれ。此の前も書いたが向ふの家の者に付いては絶對に気に掛けるな。俺が良く承知して居る。一昨日か湯沢君から元気な便りが来た。ツツジや藤の花盛りとあつた。御蔭で俺も元気で御奉公致し居るから安心してくれ。知之が全快する頃は昌弘が心配になるが其の后どうかね。五月十二日　草々

No.3-2-2

（1）差出人

　住所：牡丹江第四五軍事郵便所気付満洲第九八三二部隊野々宮隊四

　氏名：代田秋造

（2）宛先

住所：群馬縣前橋市南曲輪町二七

氏名：代田房子

（3）認め日

昭和17年５月14日　（No.3-2-3と続けて出したので、末尾に１号とある）

（4）その他情報

軍事郵便　内容点検済　津本印　郵便はがき　絵はがき　承徳風景大山英夫筆

（5）本文

　御便り昨日十三日受取つた。知之も元気になつたとの事何よりと嬉んで居る。お前から頼まれた品物も入手出来そうも無い。お前の方にて間に合つたとあつて良かつた。昌弘も其の内にハシカに掛かるかもしれぬから十分注意してやれ。八木原君の言ふた事なんでも良いから細かに（１号）

No.3-2-3

（1）差出人

　住所：牡丹江第四五軍事郵便所気付満洲第九八三二部隊野々宮隊四

　氏名：代田秋造

（2）宛名

　住所：群馬縣前橋市南曲輪町二七

　氏名：代田房子

（3）認め日

　昭和17年５月14日

（4）その他情報

　軍事郵便　内容点検済　津本印　郵便はがき　絵はがき　承徳風景　大山英夫筆

（5）本文

　書いて此んど便りする時に頼む。髙崎の家の名前で慰問品は十五日位前に頂戴したのでその時髙崎へ御礼を出した。お前にもその事を一寸書いて出したと思ふ。俺は何時も元気だから安心してくれ。此んど野々宮隊に変つたから又其の内に便りする。（２号）草々

　五月十四日

No.3-2-4

（1）差出人

　住所：牡丹江第四五軍事郵便所気付満洲第九八三二部隊野々宮隊四

　氏名：代田秋造

（2）宛名

　住所：群馬縣前橋市南曲輪町二七

　氏名：代田房子

（3）認め日

　昭和17年５月17日

（4）その他情報

　軍事郵便　内容点検済　津本印　郵便はがき

　今日は便りありがとう。知之も床上が出来た由何よりと喜んで居る。昌弘が此んどハシカらしとの事。どうせ一度はやる病気だから出来だけ大事にし養生させてやれ。又大掃除だつたとの事仲々大変だつたらう。御察する。千代次も忙しくつてこられないと思つて居つた。次に宮内君は会社の運轉手の弟さんで五八四に居る時は度々俺を訪ねてくれて話し合つた事がある。俺は御蔭で何時も相変らず元気だから安心してくれ。昌弘が良くなる迄便りは良いから看護してやれ。

第3節　満州第9832部隊坂田部隊（牡丹江）

　坂田部隊から出した軍事郵便のうち、牡丹江第45軍事郵便所から出した11点を収めた。代田が出征して1年が過ぎようとしていた。妻・房子は痩せるほど心配していると書いた。秋造は「俺の事に付いてやせる程心配掛けて済まぬがそれ程心配せず肥つてくれ」「俺は何時も元気だからやせる程心配せず肥つてくれ。アハハアハハ」と応じた（**No.3-3-3**）。また、出征の時は「去年の今日は御互に

気持がせわせわして忙しかつたね」（**No.3-3-10**）と遠く離れた戦地から語りかける。夫婦の会話である。

　一方で妻は同僚の夫人と給料について会社と交渉した。「竹淵湯沢の妻君と一緒に会社へ行くそうだが様子を聞かせてくれ」と戦地からその様子を案じた（**No.3-3-3**）。No.3-3-4から交渉結果は思わしくなかったようだ。

　出征軍人の家には「誉の家」などと書かれた標札も掲げられたが、「留守は色々と苦労もあろうし馬鹿にさるゝ事もあろうがそれも銃後の勉めであり御奉公と思へば何事も我慢出来やう」（**No.3-3-5**）。「世間はうるさい物だとあるが留守はがまんせい。お前ばかりでは無い。お前の様な事を戦友達の妻君も書いてよこす人が沢山ある。人間は苦しい事があ

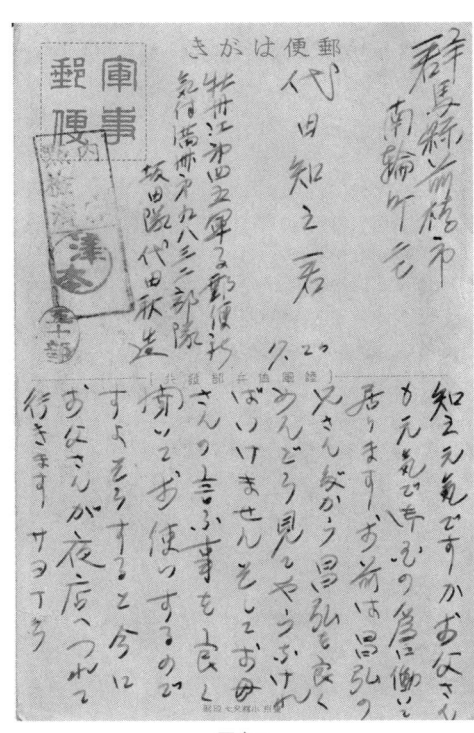

写真9

ればかならず楽しい事が来る。気持を大きく持つて元気を出せ」（**No.3-3-10**）、と苦労のあったことが分かる。戦地から妻を励ました。

　6月は群馬県では蚕（上族）、田植と忙しくなる。「此の頃は上新田でも蚕で忙しくて出掛けられまい」（**No.3-3-3**）。「上新田も田植の最盛りだらう」（**No.3-3-7**）と心配した。

　No.3-3-11は唯一、長男・知之に宛てた軍事郵便である。出征時に3歳であった知之は4歳になった。「お前は昌弘の兄さんだから昌弘を良くめんどう見てやらなければいけません。そしてお母さんの言ふ事を良く聞いてお使いするのですよ。そうすると今にお父さんが夜店へつれて行きます。サヨナラ」と幼い長男と会話を交わした（写真9）。

代田秋造軍事郵便代田房子宛牡丹江第45軍事郵便所気付満州第9832部隊坂田隊

No.3-3-1

（1）差出人

　　住所：牡丹江第四五軍事郵便所気付満洲第九八三二部隊坂田隊四

　　氏名：代田秋造

（2）宛名

　　住所：群馬縣前橋市南曲輪町二七

　　氏名：代田房子

（3）認め日

　　昭和17年5月24日

（4）その他情報

　　軍事郵便　検閲済　津本印　郵便はがき

（5）本文

　便り（二十二日）ありがとう。此度は昌弘がハシカとの事それでも知之と同じく順調との事故安心して居る。一日も早く全快するやう祈つて居る。お前も俺の留守に子供達が手のかゝる事が多く本当に御苦労です。此の便りが届く頃は昌弘も全快する事と思ふ良く看護してくれ。俺は御蔭で達者にて御奉公致し居るから留守は万事宜敷くたのむ。体を大切に。草々

No.3-3-2

（1）差出人

　　住所：牡丹江第四五軍事郵便所気付満洲第九八三二部隊坂田隊

　　氏名：代田秋造

（2）宛名

　　住所：群馬縣前橋市南曲輪町二七

　　氏名：代田房子

（3）認め日

　　昭和17年5月29日

（4）その他情報

　軍事郵便　検閲済　津本印　郵便はがき

（5）本文

　昨日は便りありがとう。昌弘は其の后結果があまり良くない様子だが一日も早く全快するやう祈つて居る。会社へ行つて来たら加藤さんの気持を知らせてくれ。藤見も出来なかつたが其の内には何んとかなるかな。それを楽しみに俺は御蔭で元気だから安心してくれ。何んでも配給で中々手に入らぬだらうが出来るだけ養生させてくれ。昌弘が全快したら便りくれ。又其の内に。草々

No.3-3-3

（1）差出人

　住所：牡丹江第四五軍事郵便所気付満洲第九八三二部隊坂田隊四

　氏名：代田秋造

（2）宛名

　住所：群馬縣前橋市南曲輪町二七

　氏名：代田房子

（3）認め日

　昭和17年6月1日

（4）その他情報

　軍事郵便　検閲済　津本印　五十部印　郵便はがき

（5）本文

　二十五日発送の便り丗日に受取つた。昌弘も少しは良くなつたやうな便りで俺も安心した。それにあの話は八木原君の言ふ時分かとも思つては居るがね。その時にならねば分らないが竹渕湯沢の妻君と一緒に会社へ行くそうだが様子を聞かせてくれ。此の頃向ふの家は相変らずかね。俺の事に付いてやせる程心配掛けて済まぬがそれ程心配せず肥つてくれ。此の頃は上新田でも蚕で忙しくて出掛けられまい。山梨の兄気は商賣はどうかね。東京の叔母も近頃便りがないが達者の事と思ふ。俺は何時も元気だからやせる程心配せず肥つてくれ。アハハアハハ。元気で。草々

No.3-3-4

（1）差出人

　住所：牡丹江第四五軍事郵便所気付満洲第九八三二部隊坂田隊四

　氏名：代田秋造

（2）宛名

　住所：群馬縣前橋市南曲輪町二七

　氏名：代田房子

（3）認め日

　昭和17年6月6日

（4）その他情報

　軍事郵便　検閲済　津本印　郵便はがき

（5）本文

　昌弘も全快致し皆々元気なる由非常に喜んで居る。此の頃は随分暑らしいね。当地方も天気の良い日中は内地の七月頃の気温だが俺は御蔭で元気旺盛だ。次に加藤さんから御前達に話した事は少し勝手な話だと思ふが出征中自分達は割の悪いと言ふ事は承知して居る。月給などは大合同になる時でもどうにでもなると思ふが。但し株主も多く勝手な者もあるし加藤さんも仲々骨が折れるだらう。竹渕湯沢の妻君にも此んな事を書いてよこしたと言ふ事を絶對に話すな。此れから段々暑くなる故体に無理せず十分子供達に注意して元気でやつてくれ。草々

No.3-3-5

（1）差出人

　住所：牡丹江第四五軍事郵便所気付満洲第九八三二部隊坂田隊四

　氏名：代田秋造

（2）宛名

　住所：群馬縣前橋市南曲輪町二七

　氏名：代田房子

（3）認め日

　昭和17年6月16日

（4）その他情報

　軍事郵便　検閲済　津本印　五十部印　郵便はがき

（5）本文

　初夏の候と相成り、昨日は皆々元気なる便りありがとう。俺も御蔭で至極大元気なる故安心してくれ。内地も随分暑いだらう。当地方も入梅模様にて毎日雨ばかり多くいやな気候だつたが一昨日より良い天気だ。日中は非常に暑いが朝晩は涼しくとても良い気分だ。留守は色々と苦労もあろうし馬鹿にさるゝ事もあろうがそれも銃後の勉めであり御奉公と思へば何事も我慢出来やう。向ふの家には明日でも見舞を出す。では元気で。段々暑くなる故十分体を大切に。又便りする。草々

No.3-3-6

（1）差出人

　住所：牡丹江第四五軍事郵便所気付満洲第九八三二部隊坂田隊四

　氏名：代田秋造

（2）宛名

　住所：群馬縣前橋市南曲輪町二七

　氏名：代田房子

（3）認め日

　昭和17年6月23日

（4）その他情報

　軍事郵便　検閲済　津本印　五十部印　郵便はがき

（5）本文

　今日は皆々元気との便りありがとう。愈々本格的の夏が来て内地も随分暑いだらう。俺は御

蔭で相変らず元気だから安心してくれ。お前も一生懸命働いて居るのは結構だが暑いから体に無理せず又子供達に十分注意してくれ。向ふの家にも見舞を一緒に出す。八木原君や宮内君の言ふた事夏中にはなんとかなるかな。では暑さ厳しき折十分体を大切に。草々

No.3-3-7

（1）差出人

　住所：牡丹江第四五軍事郵便所氣付満洲第九八三二部隊坂田隊（印字）

　氏名：代田秋造

（2）宛名

　住所：群馬縣前橋市南曲輪町二七

　氏名：代田房子

（3）認め日

　昭和17年6月27日

（4）その他情報

　軍事郵便　検閲済　津本印　五十部印　郵便はがき

（5）本文

　前略　皆々元気にて暮して居る事と思ふ。俺も御蔭で相変らず元気にて精進致し居るから安心してくれ。内地も此の便りの着く頃は暑いだらう。体に十分気を付けてくれ。当地方は此の四五日雨降りだが二三日中には天気も良くなり暑い日が續く事だらう。片平さん富士ヤに兄気が病気で世話になり御礼を出した。上新田も田植の最盛りだらう。今日山梨及び□伯母さんに便りした。竹渕君には変った話はないかね。八木原及び宮内君の話は夏中には何んとかなるかな。元気で子供達に注意して。草々

No.3-3-8

（1）差出人

　住所：牡丹江第四五軍事郵便所気付満洲第九八三二部隊坂田隊

　氏名：代田秋造

（2）宛名

　住所：群馬縣前橋市南曲輪町二七

　氏名：代田房子

（3）認め日

　昭和17年7月2日

（4）その他情報

　軍事郵便　内容点検済　津本印　五十部印　郵便はがき　絵はがき「安慶の朝」櫻庭彦治筆

（5）本文

　過日は元気なる便りありがとう。俺も御蔭で大元気だ。安心下さい。当地方は此の頃名も知らぬ草花が今を盛りと咲き乱れて居る。昨日は東京の伯母から便り頂戴した。先月上旬より病気だつたとの事驚いた。でも全快され何よりだ。其の内に又便りする。体を十分大切に。

　七月二日

No.3-3-9

（1）差出人

　　住所：牡丹江第四五軍事郵便所氣付満洲第九八三二部隊坂田隊（印字）

　　氏名：代田秋造

（2）宛名

　　住所：群馬縣前橋市南曲輪町二七

　　氏名：代田房子

（3）認め日

　　昭和17年7月9日

（4）その他情報

　　軍事郵便　検閲済　津本印　五十部印　郵便はがき

（5）本文

　　前略　御便りありがとう。一同元気との事故喜んで居る。俺は御蔭で何時も大元気だから安心してくれ。御前には一生懸命働いて居る由仲々大変だらう。此れからは一増暑くなる故体に無理せぬやう注意してくれ。次に会社も六月下旬に總会決算六分の配当との事。滝上君からも御前と一緒に通知があつた。竹渕君も近い中になんとかなるらしいかな。それを楽しみにして居る。向ふの兄気も退院出来たね。日中は相当暑いが朝晩は涼しく内地よりらくだよ。では又其の内に。草々

No.3-3-10

（1）差出人

　　住所：牡丹江第四五軍事郵便所氣付満洲第九八三二部隊坂田隊（印字）

　　氏名：代田秋造

（2）宛名

　　住所：群馬縣前橋市南曲輪町二七

　　氏名：代田房子

（3）認め日

　　昭和17年7月16日

（4）その他情報

　　軍事郵便　検閲済　津本印　五十部印　郵便はがき

（5）本文

　　皆々元気との便り十五日受取つた。俺も御蔭で何時も達者で御奉公致し居るから安心してくれ。光蔭は矢の如しで月日の立つのは早い物だ。東京は盆だね。去年の今日は御互に気持がせわせわして忙がしかつたね。内地は随分暑くて大変だらう。戦友達に来る手紙も皆暑くて平固して居るらしい。此方は内地より楽くだよ。日中は暑いが夕方から夜にかけてとても涼しい。でも今月はほとんど毎日の様に雨が降つて居つたが昨日より良い天気だ。お前が心配する程ではないよ。世間はうるさい物だとあるが留守はがまんせい。お前ばかりでは無い。お前の様な事を戦友達の妻君も書いてよこす人が沢山ある。人間は苦しい事があればかならず楽しい事が来る。気持を大きく持つて元気を出せ。宮内八木原君の話は夏中になんとかなるかと思ふ。又其の内に。

No.3-3-11

（1）差出人

　住所：牡丹江第四五軍事郵便所気付満洲第九八三二部隊坂田隊

　氏名：代田秋造

（2）宛名

　住所：群馬縣前橋市南曲輪町二七

　氏名：代田知之

（3）認め日

　昭和17年7月20日

（4）その他情報

　軍事郵便　内容点検済　津本印　五十部印　郵便はがき　絵はがき　承徳風景　大山英夫筆

（5）本文

　知之元気ですか。お父さんも元気で御国の爲に働いて居ります。お前は昌弘の兄さんだから昌弘を良くめんどう見てやらなければいけません。そしてお母さんの言ふ事を良く聞いてお使いするのですよ。そうすると今にお父さんが夜店へつれて行きます。サヨナラ。

第4節　満州第9832部隊坂田隊

　坂田隊から出した軍事郵便のうち、東安省鶏寧軍事郵便所から出した11点を収めた。内地では配給によるモノ不足が深刻化した。しかし、「種々の品物が不足致し配給制度にて仲々大変だらう。チリ紙や石鹸などは沢山あるが送る事は出来ない」と返信。また、「お前の方からは何にを書いても良い」と内地からの手紙では何でも書けたようである（**No.3-4-4**）。

　満州・フラルキに到着して1年が経過（**No.3-4-6**）。「此の先あまり永い事もないと思ふ」と帰還できる見込みを書き記しても検閲は受けなかった（**No.3-4-7**・**No.3-4-8**）。「又仕事を始めたらしいが仕事など無理をしてやらなくも良い。体の達者が何より大切だからね」と妻に仕事より健康を大切にと助言した（**No.3-4-**

写真10　左が松村、右が代田

9）。

　No.3-4-6に「去る十日に寫眞を送つたから十七日頃は届くと思ふ」と昭和17年8月10日に写真を送ったことが確認できる。松村與四三らと3人で写った写真の裏には「17.8.5」の日付があることから、この写真のことを指すものと思われる（写真10・11、53・60頁）。

代田秋造軍事郵便代田房子宛満州国東安省鶏寧軍事郵便所気付満州第9832部隊坂田隊
No.3-4-1
（1）差出人
　　住所：東安省雞寧軍事郵便所気付満洲第九八三二部隊坂田隊
　　氏名：代田秋造
（2）宛名
　　住所：群馬縣前橋市南曲輪町二七
　　氏名：代田房子
（3）認め日
　　昭和17年7月21日
（4）その他情報
　　軍事郵便　内容点検済　津本印　郵便はがき　絵はがき「ハルビンスンガリー、大山英夫筆」
（5）本文
　　其の后皆々達者の事と思ふ。俺も御蔭で元気旺盛だ。安心してくれ。東京の伯母さんが此の間の便りに前橋へ出掛けるとあつたがまだ行かぬか。八木原君や宮内君の事は来月中にはどちらか確實の事がきまるかね。車庫料はどんなふうになつて居るか。向ふの家から久しぶりに手紙が来た。

No.3-4-2
（1）差出人
　　住所：東安省雞寧軍事郵便所気付満洲第九八三二部隊坂田隊
　　氏名：代田秋造
（2）宛名
　　住所：群馬縣前橋市南曲輪町二七
　　氏名：代田房子
（3）認め日
　　昭和17年7月21日
（4）その他の情報
　　軍事郵便　内容点検済　津本印　郵便はがき　絵はがき「ハルビンスンガリー、大山英夫筆」
（5）本文
　　上新田からの便りに今年は天気具合が良く取込みや田植も都合良く行つたとあつた。此の頃は内地よりとても涼しく今の所は内地の秋の気㒵だ。とに角内地の暑よりとても楽くだ。此度便りする時は上記の通りに書いて出せ。随分暑い事だ〔ろ〕うから体に十分注意してくれ。近

所へもよろしく。草々

No.3-4-3
（1）差出人
　　住所：東安省雞寧軍事郵便所氣付満洲第九八三二部隊坂田隊
　　氏名：代田秋造
（2）宛名
　　住所：群馬縣前橋市南曲輪町二七
　　氏名：代田房子
（3）認め日
　　昭和17年7月23日
（4）その他情報
　　軍事郵便　検閲済　津本印　郵便はがき
（5）本文
　皆々元気との便りありがとう。俺も御蔭で達者にて軍務に服し居る。安心してくれ。先日兄よりの便りに此の頃体の具合も良いとの事非常に喜んで居る。竹渕君は下士官に新級したのだらう。下士官には手當が付くのだ。お前も何か仕事をさがし働いて居るやうだが一生懸命働け。それが銃後国民の勤めであり御奉公だ。国民の一人一人が老も若きも皆一丸となつて働き一日にたとい五銭でも十銭でも貯蓄すると言ふ心掛けが必要だ。時局がいかに重大であるかを忘れるな。でも酷暑の折から体には十分注意して働け。表記の通り変つたから向ふの家にもよろしく傳へてくれ。又後便にて。草々

No.3-4-4
（1）差出人
　　住所：東安省雞寧軍事郵便所気付満洲第九八三二部隊坂田隊
　　氏名：代田秋造
（2）宛名
　　住所：群馬縣前橋市南曲輪町二七
　　氏名：代田房子
（3）認め日
　　昭和17年7月31日
（4）その他情報
　　軍事郵便　検閲済　津本印　郵便はがき
（5）本文
　昨日は皆々元気の御便りありがとう。俺は何時も御陰で元気旺盛軍務に精進致し居る故何卒安心してくれ。内地は暑さの最盛りかね。随分暑いらしいね。当地は日中は相当暑いが朝晩はとても涼しくて九月下旬の気温だ。種々の品物が不足致し配給制度にて仲々大変だらう。チリ紙や石鹸などは沢山あるが送る事は出来ない。面白いニュースがあるとの事なんでも結構だ。此んどの便りには知らせてくれ。お前の方からは何にを書いても良い。お前も富士やへ仕事の世話などする程になつたか大したものだ。では又元気で働け。暑さ厳しき折体に十分注意して

くれ。草々。

No.3-4-5
（1）差出人
　　住所：東安省雞寧軍事郵便所氣付満洲第九八三二部隊坂田隊
　　氏名：代田秋造
（2）宛名
　　住所：群馬縣前橋市南曲輪町二七
　　氏名：代田房子
（3）認め日
　　昭和17年8月10日
（4）その他情報
　　軍事郵便　検閲済　津本印　郵便はがき
（5）本文
　　昨日富士やのふみちやんからの便りに依れば子供達が病気らしいが其の后は如何かね。胃腸でも悪くしたかそれ共風でも引たかね。一人で仲々大変の事と思ふ。とに角一日も早く全快するやう祈つて居る。過日寫真を寫したから三枚送る。子供達もさぞ喜ぶだらう。俺は御陰で何時も元気だ。内地はまだまだ随分暑らしいから体には十分注意して早く全快するやう看護してくれ。では返事をたのむ。早々

No.3-4-6
（1）差出人
　　住所：東安省雞寧軍事郵便所気付満洲第九八三二部隊坂田隊
　　氏名：代田秋造
（2）宛名
　　住所：群馬縣前橋市南曲輪町二七
　　氏名：代田房子
（3）認め日
　　昭和17年8月14日
（4）その他情報
　　軍事郵便　検閲済　津本印　郵便はがき
（5）本文
　　昨日は御便りありがとう。便りに依れば皆々元気との事故㐂んで居る。過日のふみちやんの手紙では心配して居つたが昨日の便りで安心した。只今の所車庫料も請求せずに置くほうが良いと思ふ。あまり此の先長い事もないと思ふから。それでもお前が請求出来れば請求して取れ。去る十日に寫真を送つたから十七日頃は届くと思ふ。今日は盆の十四日ですね、今日はフラルキに到着した日だ。山梨東京には其の内に御礼を出す。体には十分注意してくれ。

No.3-4-7
（1）差出人

住所：東安省雞寧軍事郵便所氣付満洲第九八三二部隊坂田隊

氏名：代田秋造

（2）宛名

住所：群馬縣前橋市南曲輪町二七

氏名：代田房子

（3）認め日

昭和17年8月19日

（4）その他情報

軍事郵便　検閲済　津本印　五十部印　郵便はがき

（5）本文

　昨日伯母さんからの便りに依ればやはり子供達が病気との事其の后如何です。大分良くなつた様子だがそれにお前も体がよわいやうだが無理せず仕事などせずのんきに暮せ。此の先あまり永い事もないと思ふ。向ふの家の事など気に掛けるな。心配する事が体に一番毒だ。それに伯母さんから俺も○を頂戴したから御礼を出してくれ。御蔭で何時も大元気だから安心してくれ。今日は山梨及び東京へ久しぶりに便りする。お前もしってる通り筆不精だが此の頃は便りを書くのがいやでつい皆さんに御無沙汰して居る。とに角体の丈夫なのが一番だ。体が弱くては何んにもならぬからね。八木原宮内君の話は来月なんとかなるかね。思ふ通りになれば結構だ。元気でたのむ。

No.3-4-8

（1）差出人

住所：東安省雞寧軍事郵便所気付満洲第九八三二部隊坂田隊

氏名：代田秋造

（2）宛名

住所：群馬縣前橋市南曲輪町二七

氏名：代田房子

（3）認め日

昭和17年8月23日

（4）その他情報

軍事郵便　検閲済　津本印　五十部印　郵便はがき

（5）本文

　元気なる便りありがとう。子供達は皆な達者になつたかね。俺も御蔭で何時も大元気だから安心してくれ。八月分会社から来たら知らせてくれ。車庫の事はあまり此の先永い事もないと思ふから俺の方から請求しても良いがどうするか。向ふの者の事はなるべく気にするな。心配したり気に掛ける事が一番毒だ。内地も此の頃は凌ぎ良い事だらう。過日寫真を三枚送つたが今日あたりは届いて居る事だらう。お前如め子供達がさぞ喜んでくれた事と思ふ。当地方の草木は最早や秋らしくなつた。内地の物資の不足して居る事は我々の想像以外だらうがそれも国民の務めであるから。では元気に暮せ。又便りする。

No.3-4-9

（1）差出人

　住所：東安省雞寧軍事郵便所気付満洲第九八三二部隊坂田隊

　氏名：代田秋造

（2）宛名

　住所：群馬縣前橋市南曲輪町二七

　氏名：代田房子

（3）認め日

　昭和17年8月30日

（4）その他情報

　軍事郵便　検閲済　津本印　五十部印　郵便はがき

（5）本文

　御便りありがとう。お前の手厚い看護に依り子供達も全快されたる由何よりと喜んで居る。俺は御蔭で何時も大元気だから安心してくれ。又仕事を始めたらしいが仕事など無理をしてやらなくも良い。体の達者が何より大切だからね。八月分から会社の月○はどんな具合になつたか。来月は楽しみにして居る。月だがどんなどんなものかね。そんな事をくりかへして居る内になんとかなる。とに角子供が全快したので安心した。小幡さんや竹渕君の妻君にもお前からよろしく傳へてくれ。当地はもうすつかり秋の気㖽だ。内地も涼しい事だらう。其れでは体を大切に。草々

No.3-4-10

（1）差出人

　住所：東安省雞寧軍事郵便所気付満洲第九八三二部隊坂田隊

　氏名：代田秋造

（2）宛名

　住所：群馬縣前橋市南曲輪町二七

　氏名：代田房子

（3）認め日

　昭和17年9月4日

（4）その他情報

　軍事郵便　検閲済　奥印　郵便はがき

（5）本文

　前略　二十五日付便り一昨日頂戴した。子供も皆元気との事昌弘もトビヒが良くなつたとの事何よりと喜んで居る。俺は何時も御蔭で元気旺盛で軍ムに勉み居るから何卒安心してくれ。此の前富美雄君に便りをしたのが昨日返信されて来た。只今はどこだかね。車庫の事はもう少しまつ事にしやう。上新田の仲の店の両親も大㕭びだらう。俺も何時かはそう言ふ時がくるだらうがとに角大元気だ。安心して暮してくれ。又便りする。草々

No.3-4-11

（1）差出人

住所：東安省雞寧軍事郵便所気付満洲第九八三二部隊坂田隊

　　氏名：代田秋造

（2）宛名

　　住所：群馬縣前橋市南曲輪町二七

　　氏名：代田房子

（3）認め日

　　昭和17年9月12日

（4）その他情報

　　軍事郵便　検閲済　奥印　五十部印　郵便はがき

（5）本文

　　其の后皆々達者の事と思ふ。俺も御蔭で至極大元気にて軍ムに精進致し居るから安心してくれ。当地方は一年中で今が一番良い気えだ。此の頃竹渕君は別に変つた話はないかね。色々と話だけはあるが相変らずだ。何時かは喜ぶ時も来る事だが会社の方は八月分はどんな具合かね。湯沢君は相変らず内地勤務か。御互に子供達を相手に仲々大変だ。御察しする。前の宗川君は此の頃どこに勤めて居るかね。では体を大切に。又便りする。

第5節　満州第9832部隊三浦隊

　　三浦部隊から出された15点を収めた。出征して1年が過ぎたので、代田は「でもあまり長い事はないと思ふがね」（No.3-5-2）と帰還できるのではないかという希望を持ち始める。帰還したら車庫料問題はじめの諸問題を自ら解決する決意を伝えた。いっぽうで、送られてきた写真を見て「知之も昌弘も随分大きくなり驚いた。そしてまるまると肥つて元気の顔を見て㐂んで居る」（No.3-5-13）と安心した。

　　No.3-5-3に「向ふ六ヶ月間位の内に前橋は一会社になるらしいね」とある。昭和17年に鉄道省令による乗合自動車事業統合に関する要綱が発表され、群馬県内では群馬合同自動車株式会社（旧上毛自動車株式会社）・東武自動車株式会社（旧毛野自動車）・上信電気鉄道株式会社の3社が、それぞれ県の中央部・東部・南西部を地盤に統合を進めた（『群馬県史通史編8近代現代2産業・経済』、群馬県、1989年）。この動きを指すものであろう。

　　それゆえ、会社の増資が夫婦の間で問題となった。「増資の事であるがお前も承知の通り此の頃の内地の様子も会社の営業状態もさつばりわからぬ」「俺も会社の様子さへつきりすれば両手を上げて賛成するがね。とに角お前も会社の様子を滝上君から良く聞き、どうせ出資するなら二十株位どうかね。株数はお前の思ふ通りで良い。出資して損したら損した時だ」と増資を進めた（No.3-5-7）。

　　No.3-5-4では、「慰問品を心配して居るやうだが内地のお前達より兵隊は品物

にも不自由ないから慰問品は不要です。俺に送る物が手に入つたら子供達に食せてくれ」と昭和17年10月段階では、満州より内地の方が品不足であったことが分かる。

戦友の松村與四三が一時帰国することになった。「次に駒形町四丁目松村与四三君（戦友）が此の便りが着いてから一週間以内位の間に尋ねて行くと思ふからなるべく家を留守にせぬやう。その時松村君に車庫料の件を細かに話せ。会社の事など向ふの家には絶対に相談する必要なし」（**No.3-5-8**）。代田は松村を最も信頼していたことが以後の書簡でもわかる。戦地の松村から

写真11

出された軍事郵便もあり、会って房子とも心が通じ合ったと思われる。

そこで、駒形町の松村姓を調査したところ、孫の哲氏が分かった。松村與四三は帰還できたが、戦争のことは一切語らなかったという。松村家は火事に遭ったが、代田と映った写真が1枚残されていた。裏に「17、8、5　検閲　ケ憲兵隊」との印がある（写真11）。

No.3-5-14の文中には注目すべき次の文言がある。「根岸君も気の毒だが宗川君も其の内にはあぶないぞ。此れからは皆平均に御奉公するのだ」。職場の同僚も根こそぎ動員されていく状況を「あぶない」と危惧しても検閲は受けないことが分かる。

代田秋造軍事郵便代田房子宛満州国東安省鶏寧軍事郵便所気付満州第9832部隊三浦隊
No.3-5-1
（1）差出人
　　住所：東安省雞寧軍事郵便所氣付満洲第九八三二部隊三浦隊（印字）
　　氏名：代田秋造
（2）宛名
　　住所：群馬縣前橋市南曲輪町二七
　　氏名：代田房子
（3）認め日
　　昭和17年9月22日
（4）その他情報
　　軍事郵便　検閲済　三浦印　郵便はがき
（5）本文

過日は便りありがとう。皆々元気との事故何より㐂んで居る。俺も御蔭で何時も壮健にて御奉公致し居るから安心してくれ。昨日㐅三日曜には久しぶりに外出を致し活動見物をした。内地の活動を見るやうな具合には見られぬが山梨の兄さんに土産物を子供達が沢山に戴いて大喜びだらう。早速御礼を出す。内地も早やすつかり秋となりましたね。当地方も朝晩は相当に冷るよ。気候不順の折から体を十分大切に。又便りする。

No.3-5-2
（1）差出人
　　住所：東安省雞寧軍事郵便所氣付満洲第九八三二部隊三浦隊（印字）
　　氏名：代田秋造
（2）宛名
　　住所：群馬縣前橋市南曲輪町二七
　　氏名：代田房子
（3）認め日
　　昭和17年9月28日
（4）その他情報
　　軍事郵便　検閲済　三浦印　郵便はがき
（5）本文
　　元気の便りありがとう。何時も達者との事本当に㐂んで居る。俺は相変らず張切つて居るから心配無用だ。お前の言ふ通り来月からは雪の降る期節となるがフラルキとは異り酷寒期（十二、一月）でも十度以上暖かいと言ふから何にをするにも楽くだよ。八木原君の話も色々あるが仲々実現しないらしいね。何時の事やら長期戦で行かふよ。向ふの家から今年になつて一度手紙が来ただけだ。それも病気見舞を二度も出してその時来ただけだよ。車庫料を請求しやうかそれ共上新田から請求してもらうか考へるとなにやかや向ふの事がしやくにさわるが今の所何共致し方ない。でもあまり長い事はないと思ふがね。

No.3-5-3
（1）差出人
　　住所：東安省雞寧軍事郵便所氣付満洲第九八三二部隊三浦隊
　　氏名：代田秋造
（2）宛名
　　住所：群馬縣前橋市南曲輪町二七
　　氏名：代田房子
（3）認め日
　　昭和17年10月4日
（4）その他情報
　　軍事郵便　内容点検済　三浦印　郵便はがき
（5）本文
　　秋期の㐂。其の后皆々達者の事と思ふ。俺も御蔭で相変らず元気旺盛軍務に精進致し居るから安心してくれ。昨日滝上君から会社の様子を知らせて来た。向ふ六ヶ月間位の内に前橋は一

会社になるらしいね。とに角何時如何なる事があつても体さへ達者なら心配ないよ。会社の事は心配してもなんにもならぬ。会社の連中にまかせて置けば良いと思ふがね。山梨の兄から先月便りが来た。便りに依れば先月下旬か今月上旬に前橋へ行くとあつた。早速礼手紙を出しておいた。当地方はフラルキと異り十月と言ふにとても暖かいよ。では体を大切に。又便りする。草々

No.3-5-4

（1）差出人

　　住所：牡丹江第四五軍事郵便所氣付満洲第九八三二部隊三浦隊（印字）

　　氏名：代田秋造

（2）宛名

　　住所：群馬縣前橋市南曲輪町二七

　　氏名：代田房子

（3）認め日

　　昭和17年10月7日

（4）その他情報

　　軍事郵便　検閲済　三浦印　郵便はがき

（5）本文

　　昨日二十八日付本日十月二日付の便りありがとう。何時も皆々達者の由本当に結構だ。今日の便りに依ると俺が病気とか入院なんて書いてあるが滝上君が何にか考へ違いでもして居るのかね。でも夢のやうな話だね。俺は相変らず張切つて毎日勤務に精進致し居るから安心して下さい。慰問品を心配して居るやうだが内地のお前達より兵隊は品物にも不自由ないから慰問品は不要です。俺に送る物が手に入つたら子供達に食せてくれ。今日東京の叔母からお前と一緒に便りを頂戴した。子供達の大きくなつた寫真でも送つてもらうかね。十月と言ふに去年の場所から見るととても暖かいよ。とに角滝上君の話は夢のやうだ。俺は益々元気だ。安心してくれ。又便する。正観寺へ御礼を出す。

No.3-5-5

（1）差出人

　　住所：東安省雞寧軍事郵便所氣付満洲第九八三二部隊三浦隊（印字）

　　氏名：代田秋造

（2）宛名

　　住所：群馬縣前橋市南曲輪町二七

　　氏名：代田房子

（3）認め日

　　昭和17年10月10日

（4）その他情報

　　軍事郵便　内容点検済　三浦印　郵便はがき

（5）本文

　　此の間の事が気にかゝるから又便りする。滝上君には会社の様子を知りたいので二度俺から

便りを出し滝上君から九月廿七日付で会社の様子を細かに書いてあり君も何時も達者にて御奉公の由本当に結構だとあり俺が病気とかなんて滝上君から聞くとは不思儀でならない。お前が話の聞き違いかと思ふがね。俺は何時も大元気だ。心配無用だよ。滝上君が実事言ふたなら不思儀の事だ。そんな出鱈目を言ふ男ではないと思ふがとに角大元気だ。お前が安心するやう又便りを出す。では体を大切に。草々

No.3-5-6
（1）差出人
　　住所：東安省雞寧軍事郵便所気付満洲第九八三二部隊三浦隊
　　氏名：代田秋造
（2）宛名
　　住所：群馬縣前橋市南曲輪町二七
　　氏名：代田房子
（3）認め日
　　昭和17年10月20日
（4）その他情報
　　軍事郵便　内容点検済　奥印　郵便はがき
（5）本文
　　昨日は便りありがとう。何時も皆々元気なる由本当に何よりと喜んで居る。俺も御蔭で相変らず大元気にて張切つて居るから安心してくれ。向ふの者には実にあきれたね。何伺にしやくにさわつても今は何んとも致し方がない。時期を待つより道はないよ。あまり永い事もあるまいよ。湯沢君の話も何時も此処にもありますが実現は一度だから待つ身は永いね。当地方は十月と云ふに案外暖かいよ。二三日前より朝うす氷を見るがね。過日富士屋のフミ子さんから来た便りにとても面白い事が書いてあつた。ブリキやの叔母さんが去る八日朝男子を産みそのとなりも十二月頃出来るそうです。叔母さんはまだ出来なげですと書いてあり大笑ひしたよ。フミちやんも仲々面白い事を書くよ。向ふの者の云ふ事は気に掛けるな。お前も良く経験済の事と思ふ人様の口車まに乗らぬやう。では体を大切に。サヨナラ。

No.3-5-7
（1）差出人
　　住所：東安省雞寧軍事郵便所気付満洲第九八三二部隊三浦隊
　　氏名：代田秋造
（2）宛名
　　住所：群馬縣前橋市南曲輪町二七
　　氏名：代田房子
（3）認め日
　　昭和17年10月22日
（4）その他情報
　　軍事郵便　内容点検済　三浦印　郵便はがき
（5）本文

元気なる便りありがとう。早速返事を出さうと思つたが色々と考へて居る内に遂々延引した。増資の事であるがお前も承知の通り此の頃の内地の様子も会社の営業状態もさつぱりわからぬ。滝上君の言ふ事を信用する以外に考へが出ないよ。滝上君は増資に大賛成だね。俺も会社の様子さへはつきりすれば両手を上げて賛成するがね。とに角お前も会社の様子を滝上君から良く聞きどうせ出資するなら二十株位どうかね。株数はお前の思ふ通りで良い。出資して損したら損した時だ。唯（誰）だつて先の事は分らぬよ。当地方も愈々冬らしくなつて来たが御蔭で元気だから安心してくれ。湯沢君や竹渕君の言ふやうな話は随分あるがね。話だけではこの頃あてにはならぬよ。出資の事はお前の思ふ通りで良い。では体を大切に。又便りする。

No.3-5-8
（1）差出人
　　住所：東安省雞寧軍事郵便所気付満洲第九八三二部隊三浦隊
　　氏名：代田秋造
（2）宛名
　　住所：群馬縣前橋市南曲輪町二七
　　氏名：代田房子
（3）認め日
　　昭和17年10月30日
（4）その他情報
　　軍事郵便　内容点検済　三浦印　郵便はがき
（5）本文
　　過日は便りありがとう。何時も皆々元気の由本当に何よりと喜んで居る。俺も御蔭にて大元気にて奉公致し居るから安心してくれ。出資の事は此の前の便りに書いたからあの通りで株の増減はお前の自由で結構。次に駒形町四丁目松村与四三君（戦友）が此の便りが着いてから一週間以内位の間に尋ねて行くと思ふからなるべく家を留守にせぬやう。その時松村君に車庫料の件を細かに話せ。会社の事など向ふの家には絶對に相談する必要なし。では気㬢不順御身大切に。草々

No.3-5-9
（1）差出人
　　住所：東安省雞寧軍事郵便所気付満洲第九八三二部隊三浦隊
　　氏名：代田秋造
（2）宛名
　　住所：群馬縣前橋市南曲輪町二七
　　氏名：代田房子
（3）認め日
　　昭和17年11月6日
（4）その他情報
　　軍事郵便　内容点検済　三浦印　郵便はがき
（5）本文

昨日は便りありがとう。お前始め子供達には何時も達者にて何よりと㐂んで居ります。御蔭で相変らず大元気で張切つて居るから安心してくれ。知之も大きくなり御使いなど出来る様子少しはお前も助かる事だらう。湯沢君も新株を大分がん張つたね。次に暫めく便りがないとあるが一週間か十日目位には便りを出して居るがね。内地も大分寒くなつたらしいね。当地方も少しは冬らしくなつたがたいした事はない。此の便りの届く頃は松村君も出發するだらう。兄上様の云ふた事も其の内にはなんとかなるだらう。元気で。

No.3-5-10
（1）差出人
　　住所：東安省雞寧軍事郵便所気付満洲第九八三二部隊三浦隊
　　氏名：代田秋造
（2）宛名
　　住所：群馬縣前橋市南曲輪町二七
　　氏名：代田房子
（3）認め日
　　昭和17年11月12日
（4）その他情報
　　軍事郵便　内容点検済　三浦印　郵便はがき
（5）本文
　　昨日は元気なる便りありがとう。知之も昌弘も大分大きくなつたらう。相変らず俺は大元気ですから安心してくれ。山梨へ早速御礼を出した。此の前の便りに東京の伯母が来るとあつたが女主人にて仲々大変だ。何時も本当に感謝して居るよ。お前が思ふ気持と変りはないよ。あてなしと云ふ事もないがね。何時と云ふ事もわからないがあまり永い事もないと思ふ。此の頃又良い話が沢山あるがね。駒形の松村君は伺つてくれたか。十五六日頃迠に行かなければ帰隊するから待つ必要なし。松村君は寄つてくれたと思ふがね。昨年の場所から見ると案外暖かいよ。内地も十一月中旬ともなれば寒くなつたらう。体には十分注意してくれ。早々

No.3-5-11
（1）差出人
　　住所：東安省雞寧軍事郵便所気付満洲第九八三二部隊三浦隊
　　氏名：代田秋造
（2）宛名
　　住所：群馬縣前橋市南曲輪町二七
　　氏名：代田房子
（3）認め日
　　昭和17年11月14日
（4）その他情報
　　軍事郵便　内容点検済　三浦印　郵便はがき
（5）本文
　　昨日七日付便りありがとう。皆々何時も達者の由本当に何よりと㐂んで居る。近々中に寫真

を送るとの事楽しみにして待つている。俺は御蔭で至極大元気にて御奉公致し居る。安神して
くれ。当地はお前が心配する程寒くないよ。雪など少しづつ二度降つただけで案外暖かい。内
地もこたつをする程寒くなつたか。会社の方は二十五株で結構です。滝上君は随分がん張つたね。
相当に考へる処があると思ふ。では又体には十分注意してくれ。早々

No.3-5-12

（1）差出人

　　住所：東安省雞寧軍事郵便所気付満洲第九八三二部隊三浦隊

　　氏名：代田秋造

（2）宛名

　　住所：群馬縣前橋市南曲輪町二七

　　氏名：代田房子

（3）認め日

　　昭和17年11月20日

（4）その他情報

　　軍事郵便　内容点検済　三浦印　郵便はがき

（5）本文

　　十八、九日と便りありがとう。何時も皆々元気にて本当に何よりと喜んで居る。俺も御蔭で
相変らず大元気だ。安心してくれ。お前から以外の事を聞いて驚いた。でも悪くされるより気
持は良いがあきれたものだ。松村君は本当に気の毒だつた。今日郷隊するだらう。次に増資の
事であるが俺も会社の様子はさつぱり分らず滝上君の云ふ事を信用するだけで倉林、広田君が
退社すると云ふて心配する事もあるまい。松村君にも様子を聞いて見る。滝上君は信用出来る
男と思ふ。自分の商賣で損をしたらあきらめる。あまり心配するな。知之も昌弘も大きくなつ
たね。寒さも日増に厳しくなる事故仕事などせず体に十分注意してあまり永い事もあるまい。
では又便りする。草々

No.3-5-13

（1）差出人

　　住所：東安省雞寧軍事郵便所気付満洲第九八三二部隊三浦隊

　　氏名：代田秋造

（2）宛名

　　住所：群馬縣前橋市南曲輪町二七

　　氏名：代田房子

（3）認め日

　　昭和17年11月21日

（4）その他情報

　　軍事郵便　内容点検済　三浦印　郵便はがき

（5）本文

　　昨日は写眞ありがとう。知之も昌弘も随分大きくなり驚いた。そしてまるまると肥つて元気
の顔を見て喜んで居る。昨日松村君帰隊致しお前始め子供達の元気なる様子を聞き本当に安心

して居る。会社の方は申込んだ通り拂込む方が良いと思ふがお前の思ふやうにやれ。電報で通知しやうかと思つたがあまり急ぐ事もないと思つたからとに角お前の思ふ通りで良い。向ふの事は悪くされても良くされてももう少しの心棒と思ふよ。では体を大切に元気で。俺も大元気。草々

No.3-5-14

（1）差出人
　　住所：東安省雞寧軍事郵便所気付満洲第九八三二部隊三浦隊
　　氏名：代田秋造
（2）宛名
　　住所：群馬縣前橋市南曲輪町二七
　　氏名：代田房子
（3）認め日
　　昭和17年11月29日
（4）その他情報
　　軍事郵便　検閲済　三浦印　郵便はがき
（5）本文
　　今日は楽しい日曜日で外出し活動見物から郷つたらお前から便りが来ていた。皆々何時も達者の由㐂んで居る。相変らず俺は御蔭で大元気安心してくれ。東京の伯母様には本当に感謝している。早速御礼を出す。上新田の家に姉さんの名で出して良いか。確実に受取つた。内地も品物が高いので大変だね。でも自分達の所よりまだまだ安い。お前が思ふ頃なら結構だが一寸まだ早いと思ふ。根岸君も気の毒だが宗川君も其の内にはあぶないぞ。此れからは皆平均に御奉公するのだ。会社の件もそんな事と思つた。とに角永い事もあるまい。では又。

No.3-5-15

（1）差出人
　　住所：東安省雞寧軍事郵便所気付満洲第九八三二部隊三浦隊
　　氏名：代田秋造
（2）宛名
　　住所：群馬縣前橋市南曲輪町二七
　　氏名：代田房子
（3）認め日
　　昭和17年12月4日
（4）その他情報
　　軍事郵便　検閲済　三浦印　郵便はがき
（5）本文
　　昨日は便りありがとう。皆々壮健にて何よりと㐂んで居る。又お前の元気なる写眞を見て本当に安心している。体に無理するやうな仕事はする事はない。寒い時位は風でも引くと御互に困るから呑気に暮せ。御蔭で相変らず大元気だよ。安心してくれ。竹渕君は大分良い話だね。此処にも話はあるよ。あまり永い事もあるまい。とに角暖かで本当に楽くだよ。海上さんには

早速御礼を出す。子供達に御祝もしてくれず可愛想だが其の内にはなんとか。此の次の便りは部隊名が変つて行くが心配無用。出張や演習もある事だ。

第6節　満州第759部隊

　満州第759部隊から出した1点を収めた。

代田秋造軍事郵便代田房子宛満州国東安省林口満州759部隊
No.3-6-1
（1）差出人
　　住所：東安省林口満州第七五九部隊
　　氏名：代田秋造
（2）宛名
　　住所：群馬懸前橋市南曲輪町27
　　氏名：代田房子
（3）認め日
　　昭和17年12月16日
（4）その他情報
　　軍事郵便　点検済　宜喜印　郵便はがき
（5）本文
　其の后は暫らく無沙汰した。お前始め子供達には元気で暮らして居る事と思ふ。俺は御蔭で只今表記の場所にて元気で働いて居るから安心してくれ。但し此の便りが届いて二、三日後には元の所に郷隊する予定だからお前からの便りは今まで通りの部隊名で出すやう。もつと早く便りするつもりで遂々延引して済まぬ。お前からの便りが定めし俺の郷隊を待つて居る事と思ふ。愈年末も近づき何かと忙しい事であらう。とに角元気で御互いに新しい年を向へやう。郷隊次才便りする。

第7節　満州第9832部隊高橋隊

　代田は満州第759部隊から元の部隊でなく高橋隊へ移った。同部隊から出された14点を収めた。
　昭和18年の正月を迎えるのに「品物が配給で子供に御馳走も食せられず可愛想だね」と書く（**No.3-7-2**）。前橋の同年の正月は品不足であったことが分かる。「知之も御使も出来此の頃は仲々可愛い事を言ふね」（**No.3-7-4**）と子どもの成長を戦地と内地で喜び合った。望郷の念が募ったであろう。
　No.3-7-7は初めて検閲で塗りつぶされた（写真12）。雪が降ったので子どものゴム靴を満州で買ってくれるようにお願いしたのであろう。「知之のゴム靴など

は絶對に買ないと思ふ」と満州も品不足であった（**No.3-7-8**）。**No.3-7-9**は封書で「封書許可」の印字が封書表に押されている。

　No.3-7-10によると、フラルキで知り合った戦友の金子が東京の伯母・みつを訪ねた。「金子さんといふ人はフラルキに居る時の戦友だがあまり信用出来る方ではなし。手紙を見て伯母さんの所を知つて居るのだろう。俺も出すがお前からも伯母さんにあまり信用出来る人でないと話しておけ」。伯母・みつが戦地の代田に金銭や品物をしばしば送っていたので、金子が近づいたのであろうか。戦地から心配の種は尽きなかった。

　長男・知之の入園問題では「知之の入園の事であるが本人が希望なら本当に結構な事だ。少しの間は送り

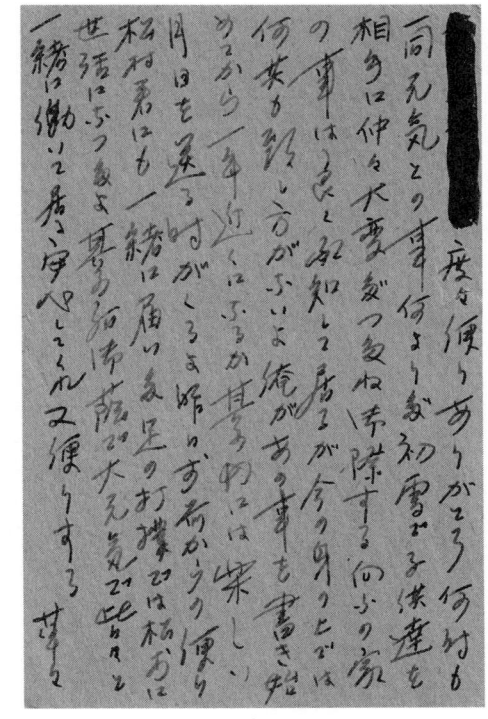

写真12

迎へで大変だろうが友人もある事と思ふし教育にも体の為にも良い事だから至急入園出来るよう手続きを取ってくれ」（**No.3-7-9**）と助言した。

　「俺からの便りが一ヶ月に一度か二度とあるが一月中でも四通位出してある」（**No.3-7-9**）。「久しく便りがないとあるが一週間か十日目位には便りを出して居るが届かないのか。戦友にもそんな事を書いてよこした妻があるよ。なにかの都合だろう。便りが届かぬ時があっても心配無用です」（**No.3-7-13**）とあることから、軍事郵便も昭和18年２月ごろから順調に配達されなくなったのであろうか。

　No.3-7-14は、代田が「兵庫県飾磨市宮町　釣浅次」に託して出した書簡と対をなすもので、キーペーパーといえよう。代田の軍事郵便では２度目の墨塗で２カ所ある。文面も「軍事扶助を受けるやう手続きを取れ。都合で車庫も売てもよい。此の便りが届く一週間位前に細かに書いたのが届いた事と思ふ。どこの地に於て御奉公しても体さへ達者なら心配ないよ。朝夕一増神仏の御加護をたのむ。俺から此んど便りが届くまでお前から出すな」と悲壮感がある。南方派遣が決定し覚悟の書簡であった。

代田秋造軍事郵便代田房子宛満州国東安省鶏寧軍事郵便所気付満州第9832部隊高橋隊

No.3-7-1

（1）差出人

　　住所：東安省鶏寧軍事郵便所気付満州第九八三二部隊高橋隊

　　氏名：代田秋造

（2）宛名

　　住所：群馬縣前橋市南曲輪町二七

　　氏名：代田房子　様

（3）認め日

　　昭和17年12月21日

（4）その他情報

　　軍事郵便　内容点検済　奥印　岡本印　高橋印　郵便はがき

（5）本文

　　昨日都合に依り郷隊致しお前からの便りに依ると病気され海上さんや髙崎の世話になり全快との事安心した。でも酷寒の折なれば病後を十分に注意して子供達の体にも気を付けてくれ。次に東京の伯母さんから俺の留守に三通も便りを戴き其の上金子まで頂戴致したからお前からも早速御礼の手紙を出せ。次に石倉共販所という送附名で新聞を十二月一日付より送て下さる人があるが名前がわからず御礼も出せない。わかつたら知らせてくれ。竹渕君は少し早いと思つたよ。此ん度便りする時は高橋隊と書け。向寒の折体に注意してくれ。又其の内便りする。

No.3-7-2

（1）差出人

　　住所：東安省雞寧軍事郵便所気付満洲第九八三二部隊高橋隊

　　氏名：代田秋造

（2）宛名

　　住所：群馬縣前橋市南曲輪町二七

　　氏名：代田房子

（3）認め日

　　昭和17年12月28日

（4）その他情報

　　軍事郵便　内容点検済　奥印　岡本印　高橋印　郵便はがき

（5）本文

　　今日は元気の便りありがとう。愈あと三日で元旦ですね。お前も子供達も元気にてお正月を迎へた事と思ふ。品物が配給で子供に御馳走も食せられず可愛想だね。此の頃近所や親類へもすつかり御無沙汰して居る。実は俺も筆不精の処へ十二月初旬左足ヒザ打撲致し毎日治療して居るが心配ないよ。あと半月程で全快すると思ふから知らせまいと思ふたがあまり永くなつたし。皆さんに年賀状も出さぬから。お前から会社へも滝上君からよろしく。御近所や親類へよろしく。全快も近い。心配無用です。

No.3-7-3

（1）差出人
　住所：東安省鶏寧軍事郵便所気付満州第九八三二部隊高橋隊
　氏名：代田秋造
（2）宛先
　住所：群馬縣前橋市南曲輪町二七
　氏名：代田房子殿
（3）認め日
　昭和18年1月1日
（4）その他情報
　軍事郵便　内容点検済　奥印　岡本印　郵便はがき
（5）本文
　御目出とう。皆々元気にて二六〇三年を迎へた事と思ふ。お前に心配を掛けたが左足の打撲も御蔭で其の后非常に具合が良くなり此の便りが届く頃は全快する。安心してくれ。近所や親戚はお前から話を聞いた事と思ふから急いで便りする必要もあるまい。其の内には全部挨拶を出す。但し山梨と東京には今日一緒に出す。七日頃までにはすつかり全快する。安心してくれ。又便りする。

No.3-7-4

（1）差出人
　住所：東安省鶏寧軍事郵便所気付満州第九八三二部隊高橋隊
　氏名：代田秋造
（2）宛名
　住所：群馬縣前橋市南曲輪町二七
　氏名：代田房子殿
（3）認め日
　昭和18年1月5日
（4）その他情報
　軍事郵便　内容点検済　奥印　岡本印　郵便はがき
（5）本文
　昨日は便りありがとう。一同達者の由本當に何よりと喜んで居る。お前に心配を掛けたが足の打撲も其の后非常に経過が良く元通りに全快致したから安心してくれ。近所や親戚にも此れからぼつぼつ新年の挨拶を出すよ。知之も御使も出来此の頃は仲々可愛い事を言ふね。小林君には一寸便りをするやうたのでおいたのだ。お前が思ふ頃なら俺も結構と思つて居るがね。その頃が来たらなんと出るか。次は車庫の事であるが拂込んだか。もし拂込なければ俺から向ふの家に請求するから。此の便り着き次〆返事をくれ。では寒さの折体を大切に。草々

No.3-7-5

（1）差出人
　住所：東安省鶏寧軍事郵便所気付満州第九八三二部隊高橋隊

氏名：代田秋造
（2）宛名
　住所：群馬縣前橋市南曲輪町二七
　氏名：代田房子殿
（3）認め日
　昭和18年1月8日
（4）その他情報
　軍事郵便　内容点検済　田中印　高橋印　郵便はがき
（5）本文
　昨日は便りありがとう。何時も一同達者の由本當に何よりと喜んで居る。其の后俺の足も御蔭ですつかり全快した。安心してくれ。昨日の便りは車庫料の事がありお前及び兄さんから請求しても支拂ぬ場合は其の事を書いてくれ。俺から向ふの家に請求する。あまりにも馬鹿にして居る。考えれば考える程しやくにさわるよ。俺からあまり強い請求をしてもお前にあたると思って今までは我慢して居れば実にあきれたものだ。でもあまり永い事もあるまい。体を大切に。
草々

No.3-7-6
（1）差出人
　住所：東安省雞寧軍事郵便所氣付満洲第九八三二部隊高橋隊（印字）
　氏名：代田秋造
（2）宛名
　住所：群馬縣前橋市南曲輪町二七
　氏名：代田房子
（3）認め日
　昭和18年1月17日
（4）その他情報
　軍事郵便　内容点検済　田中印　高橋印　郵便はがき
（5）本文
　前略　過日は便りを度々ありがとう。俺も御蔭で其の后相変らず元気にて精進致し居るから安心してくれ。お前達には元気で質素なるお正月を送りでも達者で何よりだ。根岸君の只今の所は俺の此の前の場所から十里ばかりはなれて居るよ。町田さんの話された様な人も少しはあつたらう。お前の思ふ頃は楽しみの時期と思ふが其の時でないと分らぬだらう。車庫料は少し高いとは思つて居るが兄気が承知して貸りて居るので高いのなら俺になんとか言ふて来たら良い。そんな事は気にするな。では又其の内に。

No.3-7-7
（1）差出人
　住所：東安省鶏寧軍事郵便所氣付満州第九八三二部隊高橋隊（印字）
　氏名：代田秋造
（2）宛名

住所：群馬縣前橋市南曲輪町二七

　氏名：代田房子　様

（3）認め日

　昭和18年1月27日

（4）その他情報

　軍事郵便　内容点検済　田中印　高橋印　郵便はがき　黒塗りあり

（5）本文

　墨塗り　度々便りありがとう。何時も一同元気との事何よりだ。初雪で子供達を相手に仲々大変だつたね。御際する。向ふの家の事は良く承知して居るが今の身の上では何共も致し方がないよ。俺があの事を書き始めてから一年近くになるか。其の内には楽しい月日を送る時がくるよ。昨日お前からの便り松村君にも一緒に届いた。足の打撲では松村に世話になつたよ。其の后御蔭で大元気で皆々と一緒に働いて居る。安心してくれ。又便りする。草々（写真13）

No.3-7-8

（1）差出人

　住所：東安省鶏寧軍事郵便所氣付満州第九八三二部隊高橋隊（印字）

　氏名：代田秋造

（2）宛名

　住所：群馬縣前橋市南曲輪町二七

　氏名：代田房子殿

（3）認め日

　昭和18年2月4日

（4）その他情報

　　軍事郵便　内容点検済　田中印　高橋印　郵便はがき

（5）本文

　度々便りありがとう。早速返事をと思つたが遂々おそくなった。何時も皆々元気にて結構だ。其の后俺も御蔭で大元気にて足もすつかり全快致した。安心してくれ。知之も此の頃仲々利口の事を言ふね。知之のゴム靴などは絶對に買ないと思ふ。三、四月頃か。楽しい月だがね。なんとなるか。車庫の事も色々と考へて居るよ。昨日東京の伯母さんから小使を又頂戴したからお前からも厚く礼を言ふくれ。その内にはなんとかなるだろう

No.3-7-9

（1）差出人

　住所：東安省鶏寧軍事郵便所気付満州第九八三二部隊高橋隊

　氏名：代田秋造

（2）宛名

　住所：群馬縣前橋市南曲輪町二七

　氏名：代田房子殿

（3）認め日

　昭和18年2月10日

（4）その他情報

　　封書　軍事郵便　朱書き

　　内容点検済　田中印　高橋印　封書許可　田中印

（5）本文（便箋）

　　昨日は便りありがとう。皆々何時も元気との事乭喜んで居る。俺も其の后御蔭で足もすつかり全快致し元気にて軍ムに服し居るから安心してくれ。知之の入園の事であるが本人が希望なら本当に結構な事だ。少しの間は送り迎へで大変だろうが友人もある事と思ふし教育にも体の爲にも良い事だから至急入園出来るやう手續きを取ってくれ。又此ん度も大雪だったね。仲々大変だろう。其の内に暖かになるし段々近くなるよ。久しぶりに寫真を撮ったから同封する。東京の伯母さんと山梨高崎にも今日一緒に送る。俺からの便りが一ヶ月に一度か二度とあるが一月中でも四通位出してある。心配は無用だ。では体を大切に。

　　二月十日　　　　　　　　　　代田

　　房子殿

No.3-7-10

（1）差出人

　　住所：東安省鶏寧軍事郵便所氣付満州第九八三二部隊高橋隊

　　氏名：代田秋造

（2）宛名

　　住所：群馬縣前橋市南曲輪町二七

　　氏名：代田房子

（3）認め日

　　昭和18年2月17日

（4）その他情報

　　軍事郵便　内容点検済　田中印　高橋印　郵便はがき

（5）本文

　　便りありがとう。皆々何時も元気なる由本当に乭んで居る。俺も御蔭で其の后至極大元気です。足の方はすつかり全快心配無用です。伯母さんにも今日御礼を出す。何時も世話になるばかりで恐縮して居る。山梨は別に変つた事はないか。淑惠さんから昨日便りを頂いたが兄気から此の頃便りがないが皆元気ならそれで結構だ。金子さんといふ人はフラルキに居る時の戦友だがあまり信用出来る方ではなし。手紙を見て伯母さんの所を知つて居るのだらう。俺も出すがお前からも伯母さんにあまり信用出来る人でないと話しておけ。今日隆ちやんにも手紙を出す。当地も随分暖かになつた。又其の内に。草々

No.3-7-11

（1）差出人

　　住所：東安省鶏寧軍事郵便所氣付満州第九八三二部隊高橋隊（印字）

　　氏名：代田秋造

（2）宛名

　　住所：群馬縣前橋市南曲輪町二七

氏名：代田房子殿

（3）認め日

昭和18年3月1日

（4）その他情報

軍事郵便　検閲済　田中印　高橋印　郵便はがき

（5）本文

便りありがとう。一同元気にて何より。相変らず俺も御蔭で至極大元気にて働き居る。本日山梨から寫眞の御礼が来た。二十二日頃前橋へ行くとあつたから都合して行つてくれた事と思ふ。内地は今頃梅の花盛りかね。当地も今日あたりは小春日和とでも云ふか暖かい良いお天気だ。佐又さんも仲々張切つて居るね。産めよふやせよと云ふ時期だから結構の事だらう。此の間も書いたが品物を買つて送ると云う事は出来ぬから着る物などはお前が都合して買ふやうたのむ。

No.3-7-12

（1）差出人

住所：東安省雞寧軍事郵便所氣付満洲第九八三二部隊高橋隊（印字）

氏名：代田秋造

（2）宛名

住所：群馬縣前橋市南曲輪町二七

氏名：代田房子

（3）認め日

昭和18年3月8日

（4）その他情報

軍事郵便　内容点検済　田中印　高橋印　郵便はがき

（5）本文

過日は便りありがとう。子供達一同達者の由何よりと㐂んで居る。相変らず俺も元気旺盛にて軍務に邁進致し居るから安心してくれ。当地も愈々寒さもうすらいで来た。此れからは日増に暖かになるから楽くだよ。今日は兵隊にとつて一番楽しい日曜日にて外出せず班内にて戦友と休んで居る。内地は此の頃本当に気持の良い気気にて子供達も元気一パイ遊んでいるだらう。体には十分注意してくれ。又其の内に便りする。

No.3-7-13

（1）差出人

住所：東安省鷄寧軍事郵便所氣付満州第九八三二部隊高橋隊（印字）

氏名：代田秋造

（2）宛名

住所：群馬縣前橋市南曲輪町二七

氏名：代田房子殿

（3）その他情報

軍事郵便　内容点検済　田中印　高橋印　郵便はがき

高橋　印あり

（4）本文

　度々御便りありがとう。何時も皆々達者にて本當に喜んで居る。其の后俺も御蔭で相変わらず元気で任ムに邁進して居るから安心してくれ。内地も随分と寒い事だらう。体に十分気を付けてくれ。此の間の便りに仕事の事が書いてあつたが無理せず子供達に風でも引かせぬやう注意してくれ。暖かになる迄仕事はするな。俺も其の内に寫真を寫して送るよ。久しく便りがないとあるが一週間か十日目位には便りを出して居るが届かないのか。戦友にもそんな事を書いてよこした妻があるよ。なにかの都合だらう。便りが届かぬ時があつても心配無用です。草々

No.3-7-14

（1）差出人

　　住所：東安省雞寧軍事郵便所氣付満洲第九八三二部隊高橋隊　（印字）

　　氏名：代田秋造

（2）送付先

　　住所：群馬縣前橋市南曲輪町二七

　　氏名：代田房子

（3）その他情報

　軍事郵便　内容点検済　田中印　高橋印　郵便はがき　黒塗あり

（4）本文

　其の后お前如め子供達は達者の事と思ふ。御蔭で俺も元気旺盛ですが暫らくの間は便りが届かなくも心配するな。 墨塗り 御奉公しながら見物出来るかね。次は会社からの収入はあるか。細かに書いて送つてくれ。ありのまゝでよい。軍事扶助を受けるやう手續きを取れ。都合で車庫も賣てもよい。此の便りが届く一週間位前に細かに書いたのが届いた事と思ふ。どこの地に於て御奉公しても体さへ達者なら心配ないよ。朝夕一増神佛の御加護をたのむ。俺から此んど便りが届くまでお前から出すな。 墨塗り

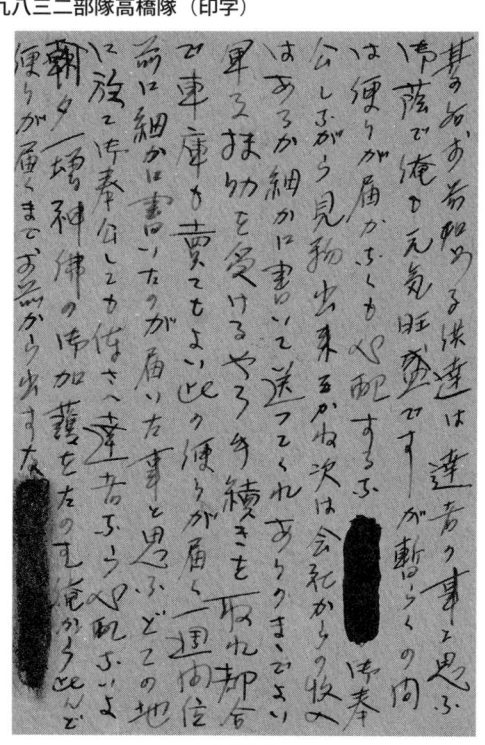

写真13

第8節　部隊の戦友からの手紙

　代田が最も信頼した戦友・松村與四三が同じ部隊から出した軍事郵便2点を収めた。No.3-8-1は年賀状であるが、墨塗がある（写真14）。

　キーペーパーなのがNo.3-8-2で「封書許可」の印が押してある。松村の認め日は昭和18年3月16日。代田が南方派遣とそれに伴うその後の家族の生活につい

て、「兵庫県飾磨市宮町　釣浅次」に託した手紙を書いたのが３月13日であった。松村が「月日の去るのは水の流れより早いと古人の話に有りますよう作秋貴女にお会してより最早半年と成りましたね。自分もあの時分わ今頃は貴方様にもお会い出来る事と思つて居りましたが仲々思ふ様には行きませんね。降つて松村も代田も皆々様のお蔭をもつて相変ず元気旺盛に軍務に努力致し居りますれば多事乍ら御休心被下さい。貴方様も随分お忙し事とは思いますがすきを見て自分の家の方にあそびに行く様お願ひ致します。松村の内は駒形町四丁目です。尚写真を一枚同封致しお送りますれば何卒お受納被下さい」と書いたことから、代田は松村に後事を託したのであろうか。あるいは松村が代田の心情を察し、家族の身の上を心配して書いたものであろう。

　No.4-2-6から松村は昭和18年12月にもニューギニアの代田に手紙を送ったことが分かる。

　松村與四三について、孫の哲氏に群馬県健康福祉部福祉局地域福祉課に「軍歴証明書及び兵籍など交付」してもらったところ、発行してもらった資料により、以下のことが分かった。

　松村は明治41年（1908）８月に勢多郡木瀬村駒形（前橋市）に生れた。代田秋造より１歳年下であった。昭和３年（1928）12月に第１補充兵に編入。同16年７月16日陸軍二等兵として東部37部隊（歩兵102連隊：水戸）に入隊した。代田より１日前の入隊であった。しかし、出発は８月５日に広島県宇品を出帆。８月６日に大連に上陸した。代田と同じく昭和17年１月20日に陸軍一等兵に昇進。代田より３日前の同年３月26日に関東軍第25野戦貨物廠（満9832部隊：東安省鶏寧県）に転属となった。

　代田と松村はともに昭和17年３月に第25野戦貨物廠に属したことにより親しくなった。翌18年３月に代田は第27野戦貨物廠に編入され、南方（ニューギニア）へ派遣されたので、二人の直接的な親交は１年であった。

　なお、松村は昭和20年（1945）３月30日独立歩兵第581大隊（満25279部隊）に転属、７月１日に陸軍兵長に昇進、８月14日出張先の大連で終戦を迎えた。敗戦後、同年９月から金州収容所、翌21年６月から三十里堡収容所で、それぞれソ連軍飛行場の滑走路建設作業に従事し、同22年３月26日復員のため大連で辰春丸に乗船し、30日に博多上陸、翌31日陸軍伍長で除隊となった。実在職年数は４年４カ月に及んだ。

松村與四三軍事郵便代田房子宛満州国東安省鶏寧軍事郵便所気付満州第9832部隊高橋隊

No.3-8-1

（1）差出人

　　住所：東安省鶏寧軍事郵便所気付満州
　　　　　第九八三二部隊高橋隊

　　氏名：松村與四三

（2）宛名

　　住所：群馬県前橋市南曲輪町二七

　　氏名：代田房子

（3）認め日

　　昭和18年1月1日

（4）その他情報

　　軍事郵便　内容点検済　奥印　岡本印
　　高橋印　郵便はがき　黒塗あり

（5）本文

　　大東亜戦下二囘の輝く新春をはるかに
御慶び申上ます。 墨塗り 朔風に飜る日
章旗を仰ぎつつ北満の野に感慨深き新春
を迎えるに際し銃後皆様の御後援を深く
感謝致します。

　　昭和十八年一月元旦

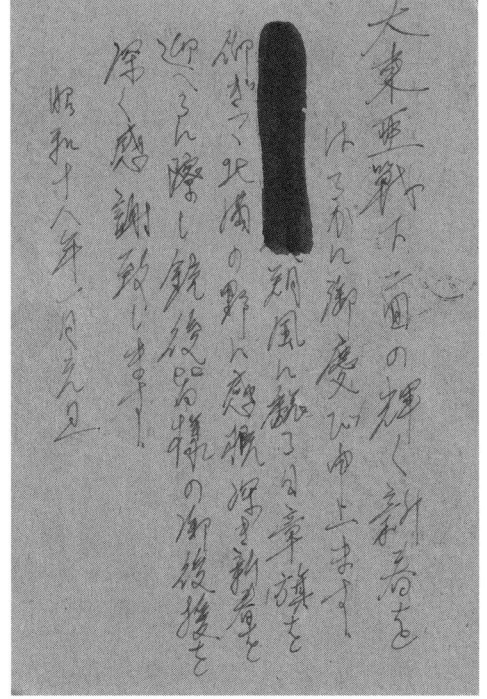

写真14

No.3-8-2

（1）差出人

　　住所：東安省雞寧軍事郵便所気付満洲第九八三二部隊高橋隊

　　氏名：松村與四三

（2）宛名

　　住所：群馬縣前橋市南曲輪町二七

　　氏名：代田房子

（3）認め日

　　昭和18年3月16日

（4）その他の情報

　　封書　軍事郵便　内容点検済　田中印　封書許可　田中印

（5）本文

　　前略　春暖の候と相成りました。思い乍ら暫く御無沙汰致し誠に申し訳は有りません。何卒
悪からずお許被下さい。其の后御貴家御一同様には相変す御壮健にてお暮しの事と御推察申上
ます。月日の去るのは水の流れより早いと古人の話に有りますよう作秋貴女にお會してより最
早半年と成りましたね。自分もあの時分わ今頃は貴女様にもお會ひ出來る事と思つて居りまし
たが仲々思ふ様には行きませんね。降つて松村も代田も、皆々様のお蔭をもつて相変ず元気旺
盛に軍務に努力致し居りますれば夛事乍ら御休心被下さい。貴女様も随分お忙し事とは思いま

すがすきを見て自分の家の方にあそびに行く様お願ひ致します。松村の内は駒形町四丁目です。尚寫真を一枚同封致しお送りしますれば何卒お受納被下さい。末筆乍ら皆々様の御健康をお祈り申上ます。

さよなら
松村與四三拝

代田房子様
三月十六日

第4章　　南方（ニューギニア）から

第1節　南方行きを知らせる手紙

　代田秋造が「兵庫県飾磨市宮町　釣浅次」に頼んで出した書簡（封書）1点を収めた（写真15-1・2・3）。キーペーパーとなる。南方に派遣されることが決定すると、代田は死を覚悟したと思われる。文中でも「此の先一増神仏に達者で無事御奉公出来るやう朝夕祈ってくれ」と記した。ニューギニア戦線は「ジャワは天国、ビルマは地獄、死んでも帰れぬニューギニア」と言われるほど悲惨であった。

　文章中に「幸に休暇で帰国するお方があって此の便りが御願ひ出来てほんとにうれしい」と綴るように釣浅次は休暇で一時帰国した人物であった。消印も「飾磨」であることから「兵庫県飾磨市」から投函された。

　姫路市立図書館飾磨分館に問い合わせると、「飾磨市宮町」は現在の姫路市飾磨区宮で、住宅地図で6軒の「釣」姓が確認できるとのことであった。そこで、住宅地図を片手に同市飾磨公民館の協力を得て各戸を訪ねた。自治会長の話では宮町は海に近く「釣」姓が多くいたが、今では引っ越した人もあり少なくなったという。釣はこの地だけの姓であると教えてくれた。

　「釣」姓の方にあたったが、「釣浅次」を知る人はいなかった。しかし、自治会長らは、「釣浅次」の名を子どものころ聞いた覚えがあるような気もするという

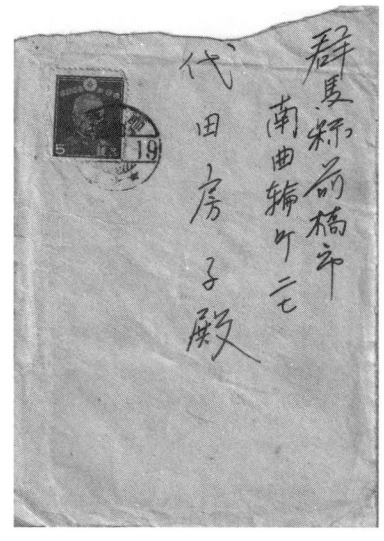

写真15-1

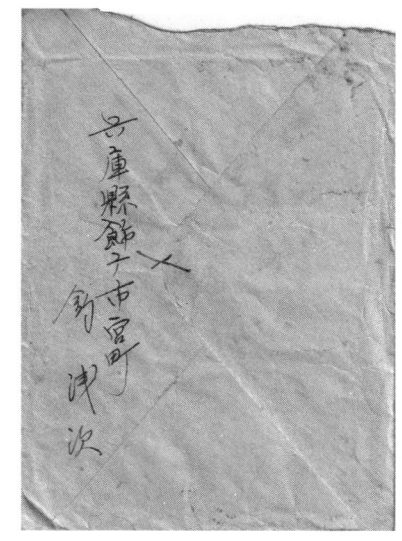

写真15-2

ことであった。釣浅次は実在の人物である可能性が高かった。

　姫路市平和資料館・田中美智子氏に同館の資料を確認してもらったが確認できなかった。戦死している可能性もあるので、姫路護國神社宮司・泉和慶氏を訪ねたが、「釣」姓の御祭神は5柱あるが「釣浅次」の名前はないという。釣浅次は生きて帰ったことも分かった。

　代田が手紙を書いたのは昭和18年3月13日、兵庫県飾磨市の消印が19日。第27野戦貨物廠が満州・新京で編成されたのが20日。代田は「満州の土地に居るのも今月末迄と思ふ」と書いたが、28日に出発した。代田が「任地に到着すれば便りするが早くも二三カ月は便りできぬと思ふ。お前の手に届くのは早くて五月頃かそれ共六七月になるかしれぬが心配するな」と書いたが、No.4-2-2で雨が多いとあり、雨期であったとすると、4月末には到着していたとも思われる。

　「此ん度便りを出す時は収入及び生活状態を細かに知らせてくれ」と書いているように、代田の心配は残された家族の生活であった。「各部隊の話に依れば家庭の事情で帰れるといふうはさも聞く。それは俺がこんど南方のどこに行くかわからぬが部隊名がわかってからでよい。一番軍隊で心配するのは妻子が体が弱い事と生活にこまる事を心配するのだから方面委員か区長より市の兵事係にたのんで隊長あてに家庭の事情をくわしく書き送ってもらつてくれ」と、自らの運命と家族の幸せに望みをつないだ。

　「此の先半年先か一年先かわからぬが帰へれる事がきまれば知之昌弘と書くから承知してくれ」と書いたように、夫妻にとって愛息「知之昌弘」の宛名の軍事郵便が生きて帰れる暗号との約束を交わした。

釣浅次書簡代田房子宛
No.4-1-1
（1）差出人
　住所：兵庫縣飾磨市宮町
　氏名：釣　浅次
（2）宛先
　住所：群馬縣前橋市南曲輪町二七
　氏名：代田房子様
（3）認め日

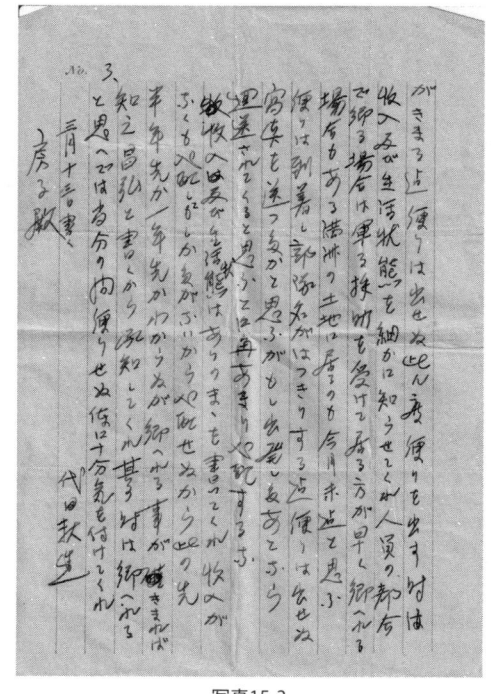

写真15-3

昭和18年3月13日

（4）消印日

昭和18年3月19日

（5）その他情報

封書

（6）本文

此の頃の内地はほんと気持の良い気㐫の事だらう。其の后お前も子供達も達者の事と思ふ。御蔭で俺も元気だ。但し此之度命令に依り南方に行く事になつたが心配するな。気㐫風土が異る故体にさへ気を付ければ心配ない事と思ふ。どをせ此の先御奉公するなら変つた景色を見るのもよいだらう。お前も子供も近々に郷へれると思つて居つた処へ定めし驚く事と思ふが永い間便りがないとかへつて心配させるから書いたのだ。此の先一増神佛に達者で無事御奉公出来るやう朝夕祈つてくれ。上新田にも新聞を止めるやう便りをするがお前からも断つてくれ。次は生活の事であるが会社の方も大合同に今月あたりなるかと思ふが会社からの収入もほんの謹かね。それ共会社からは収入はないか。此の先一年位は覚悟をしなければならぬと思ふから軍事扶助を受ける手續きをとれ。車庫もお前の都合に依り賣つても良い。お前が此の前に湯沢君の軍事扶助の事を書いてよこしたがあの時は今頃迠には郷へれると思つたからなー。とに角南方を見物する考へで出掛けやう。まだ出発には幾日かあるよ。幸に休暇で郷国するお方があつて此の便りが御願ひ出来てほんとにうれしい。任地に到着すれば便りするが早くも二三カ月は便りできぬと思ふ。お前の手に届くのは早くて五月頃かそれ共六七月になるかしれぬが心配するな。お前も体があまり達者でない方だから十分体に注意してくれ。任地に到着し部隊名がきまる迠便りは出せぬ。此ん度便りを出す時は収入及び生活状態を細かに知らせてくれ。人員の都合で郷る場合は軍事扶助を受けて居る方が早く郷へれる場合もある。満州の土地に居るのも今月末迠と思ふ。便りは到着し部隊名がはっきりする迠便りは出せぬ。寫真を送つたかと思ふがもし出発したあとなら廻送されてくると思ふ。とに角あまり心配するな。収入及び生活状態はありのままを書いてくれ。収入がなくも心配してもしかたがないから心配せぬから此の先半年先か一年先かわからぬが郷へれる事がきまれば知之昌弘と書くから承知してくれ。其の時は郷へれると思へ。では当分の間便りせぬ。体に十分気を付けてくれ。

三月十三日書く　　　　　　　　　　　　　　　代田秋造

房子殿

　各部隊の話に依れば家庭の事情で郷れると云ふうはさも聞く。それは俺がこんど南方のどこに行くかわからぬが部隊名がわかつてからでよい。一番軍隊で心配するのは妻子が体が弱い事と生活にこまる事を心配するのだから方面委員か区長より市の兵事係にたのんで隊長あてに家庭の事情をくわしく書き送つてもらつてくれ。但し収入などは少なく云へるしお前や子供一人位は弱くも話せる事だ。お前が弱くて実にこまるとか収入はなくその日その日にこまるやうにもお願ひ出来ると思ふ。但しそれによつてかならず早くかへすとはきまつていないが場合によつてはかへれる事もあるらしい。だめならしかたがないがね。自分の品物も必要ないから此の際送る考えだ。

第２節　南海派遣猛第2689部隊寺崎隊

　ニューギニアに派遣された寺崎部隊から出された６通の軍事郵便を収めた。『ウエワク』によれば、ニューギニア本島の北岸は海岸線が単調で、サンゴ礁の発達隆起のため良港湾に乏しく、大型船舶が入港できるのはラエ・ウエワク・ホルランジャで、次いでフィンシュハーフエン、マダン、アレキシス、ハンサ、アイタベであった。気候は高温多湿で、平地で直射日光にさらされていると暑いが、物陰に入ると、高地では涼しくしのぎやすく、北岸では１〜４月が雨期、５〜８月が乾期、９〜12月が中間期であった。人種はメラネシア系のカナカ族とパプア族からなり、軍の作戦地域にいた原住民はカナカ族で、従順温良で食料提供、患者の看護、物資の輸送など協力的であった（以下、本項は同書による）。

　第27野戦貨物廠の体制は、次のようであった。廠長のもと廠本部（人事・総務・医務）・衣料需品部・衛生材料部・獣医資材部・被服移動修理班（四箇班）・固定製材班（一箇班）・移動製材班（四箇班）・衛生材料移動修理班（一箇班）・獣医資材移動修理班（一箇班）・勤務中隊（一箇中隊）からなり、支廠をナガダ・ハンサ・ホルランジャ、出張所をボイキン、生産部をアイタベに置いた。代田秋造が配属された獣医資材移動修理班の班長は寺崎作市獣医中尉で、獣医将校・准士官・兵・軍属を合わせ27人で編成された。

　第27野戦貨物廠の動きを見ると、次のようであった。昭和18年３月20日、満

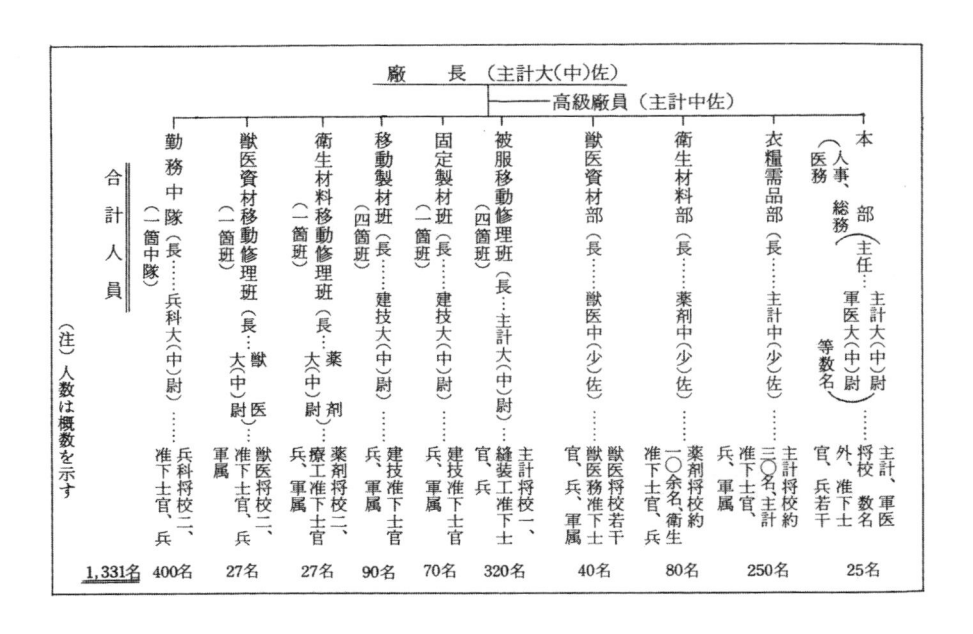

部署	長	構成	人員
廠　長（主計大(中)佐） 　高級廠員（主計中佐）			
本部（人事、総務、医務）（主任……軍医大(中)尉等数名）		主計大(中)尉、将校、准下士官、兵若干	25名
衣糧需品部（長……主計中(少)佐）		主計将校約三〇名余、兵、主計	250名
衛生材料部（長……薬剤中(少)佐）		薬剤将校約一〇余名、衛生准下士官、兵	80名
獣医資材部（長……獣医中(少)佐）		獣医将校若干、獣医務准下士官、兵、軍属	40名
被服移動修理班（長……主計大(中)尉）（四箇班）		縫装主計准下士官、兵	320名
固定製材班（長……建技大(中)尉）（一箇班）		建技准下士官、兵、軍属	70名
移動製材班（長……建技大(中)尉）（四箇班）		建技准下士官、兵、軍属	90名
衛生材料移動修理班（長……薬剤大(中)尉）（一箇班）		薬剤将校二、工務准下士官、兵、軍属	27名
獣医資材移動修理班（長……獣医大(中)尉）（一箇班）		獣医将校二、准下士官、兵	27名
勤務中隊（長……兵科大(中)尉）（一箇中隊）		兵科将校二、准下士官、兵	400名
合計人員			1,331名

（注）人数は概数を示す

州新京関東軍貨物廠で編成。同28日新京出発、釜山港から輸送船「妙義丸」に三梯団に分かれ、4月12日に南陽群島パラオ、コロール港に上陸した。その後、ニューギニア本島に渡る輸送船団の便のあるごとにマダン・ハンサ・ウエワク・ホルランジャなどの北岸各地に移り、9月中頃までに大多数の要員が渡航した。代田秋造は**No.4-2-2**に「当地の気温は内地の最夏と同じ位いだが雨が多いので非常に楽くだ」とあるので雨期である4月にはニューギニア本島に渡ったと思われる。**No.4-2-4**には「東京のお盆も過ぎた今日此の頃は内地も随分毎日暑い事だろう」とある。**No.4-2-5・No.4-2-6**は文章の内容から12月に出したものと思われるので、6通の軍事郵便は昭和18年4月から12月の間に出されたと思われる。

ウエワク上陸以来、アメリカ・オーストラリア軍の空襲は毎日であった。攻撃時間は一定していて朝9時から1、2時間で長い時間で昼過ぎまでで、主な攻撃目標は港湾内の船舶、飛行場及び周辺施設、高射砲陣地、軍需品集積場などであった。迎撃に立つ日本軍は数に比して大分劣勢であったという。第四航空軍の航空撃滅戦の大敗からの再建は、望み薄とまでささやかれ、先行きニューギニア地上軍は空からの援護のないままに、戦の遂行を余儀なくされることが予想されたという。

こうした状況下であったため、代田の軍事郵便は満州在住の時と比べ数量も少なくなる。**No.4-2-1**で「過日送金致したが入手したら子供達の何か買ふたしにでもしてくれ」「俺の事は心配する事はないから自分の事子供達に十分注意して達者で暮すやう」。**No.4-2-2**では「其の后は都合に依り長い間無沙汰致し種々と心配された事と思ふ。お前始め子供達には如何。定めし達者にて暮して居る事と思ふ」「過日貯金通帳及び現金五円送附致したが届いたかね。受け取ったら全拂して家事の費用にしてくれ」のように送金と家族を案ずることだけを書くようになった。ニューギニアから出した軍事郵便は代田秋造の生存証明となった。代田は戦地・ニューギニアで「内地の様子が随分と変つたろうね」（**No.4-2-1**）と妻の内地からの軍事郵便によって、昭和18年以降の荒廃する国民生活の様子を知った。

昭和16年7月に出征して2年が経った。3歳であった長男・知之も5歳となり、幼稚園へ通うようになった。しばしば父のことを尋ねる様になったのであろう。**No.4-2-3**では「子供達も久しく見ないので随分大きくなつたろうね。知之は相変らず俺の事を云ふて居るのか」と父親として切ない思いを吐露している。

戦局はさらに悪化した。昭和18年12月15日にアメリカ軍がニューブリテン島西端マーカス岬及びツルプに上陸。その結果、ラバウル基地にいる第8方面軍と第18軍は分断され、孤立を余儀なくされたばかりでなく、南洋委任統治地域は、敵軍の攻撃を直接受ける危機に晒され、ウエワク・アイタベ・ホルランジャ・ワ

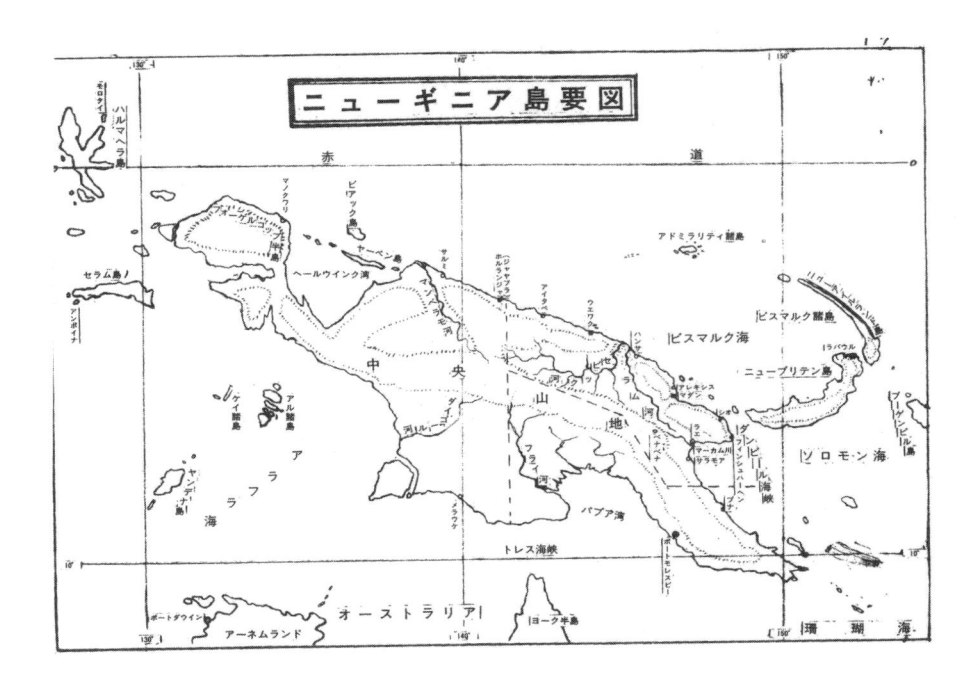

クディなどニューギニア北岸の主要基地に対して、連日大爆撃作戦が行われた。ハンサ以東の港湾が戦局の悪化から輸送船の進入が不可能になったので、同18年後半から軍需品はウエワクに集中輸送され、軍需品の山で埋まった。それが敵機の攻撃目標となった。大損害を前に在ウエワク軍戦闘司令所の首脳部は貨物廠をはじめとする補給諸廠に対し分散集積の徹底を図った。**No.4-2-6**（昭和18年12月）が代田の最後の手紙となった。

　その結果、昭和19年４月、ホルランジャ本廠移転が開始された。転進の兵隊は「ホルランジャ、ホルランジャへと草木もなびくよ　ホルランジャ　いよいか住みよいか」と鼻歌混じりで歌うと、ウエワク残留の兵隊が羨望の眼差しで見送ったという。「ウエワクの四月は、東から西へのあわただしい移動と残留の者たちによっては、いても立ってもいられぬような焦燥感と不安感がうずまく裡に終わるかに見えた」。

　しかし、ここで「驚天動地ともいうべき大異変が、突如疾風のように襲いかかってきた」。同年４月22日、「数百機の戦爆連合大編隊と数十隻に上る艦艇の掩護下に輸送船に分乗した三箇師団に垂んとする米陸軍部隊」がウエワクを飛び越えアイタベ並びにホルランジャに上陸を開始した。

　アイタベーホルランジャ間を行軍していた転進の諸部隊はサンドイッチとな

り、ウエワク周辺に取り残された軍の主力も連絡が杜絶した。「後々の情況判断では、敵にはさまれ進むことも退くことも出来なくなったこれ等の諸部隊は、やむなく南方未開の山地へ、山地へと逃避を試み、遂には食糧の枯渇とともに殆どその山中に潰滅した」。代田秋造もその一人となった。

代田秋造軍事郵便代田房子宛南海派遣猛第2689部隊寺崎隊
No.4-2-1
（1）差出人
　　住所：南海派遣猛第二六八九部隊寺崎隊
　　氏名：代田秋造
（2）宛名
　　住所：群馬縣前橋市南曲輪町27
　　氏名：代田房子
（3）認め日
　　昭和18年４月か
（4）その他情報
　　軍事郵便　検閲済　寺崎印　佐々木印　郵便はがき
（5）本文
　　前略永い間の無沙汰にて色々と心配掛けた事と思ふが御蔭で増々元気にて精進致し居る故何卒安心下さい。お前始め子供達一同には達者にて暮して居る事と思ふ。内地の様子が随分と変つたらうね。過日送金致したが入手したら子供達の何か買ふたしにでもしてくれ。筆不精の爲皆々様に御無沙汰致し居る故お前から宜敷く傳へて下さい。俺の事は心配する事はないから自分の事子供達に十分注意して達者で暮すやう。サヨナラ。

No.4-2-2
（1）差出人
　　住所：南海派遣猛第二六八九部隊寺崎隊
　　氏名：代田秋造
（2）宛先
　　住所：群馬縣前橋市南曲輪町27
　　氏名：代田房子
（3）認め日
　　昭和18年４月か
（4）その他情報
　　軍事郵便　検閲済　佐藤印　〇〇印　郵便はがき
（5）本文
　　其の后は都合に依り長い間無沙汰致し種々と心配された事と思ふ。お前始め子供達には如何。定めし達者にて暮して居る事と思ふ。俺も御蔭で相変らず大元気にて軍務に精進致し居るから安心してくれ。過日貯金通帳及び現金五円送附致したが届いたかね。受け取つたら全拂して家

事の費用にしてくれ。当地の気温は内地の最夏と同じ位いだが雨が多いので非常に楽くだ。近所や親類には変つた事はないかね。其の后向ふの家はどうか。相変らずかね。其の内に親類にも全部便りする。では又便りする。体を大切に。草々

No.4-2-3

（1）差出人

　住所：南海派遣猛第二六八九部隊寺崎隊

　氏名：代田秋造

（2）宛名

　住所：群馬縣前橋市南曲輪町27

　氏名：代田房子

（3）認め日

　昭和18年7月か

（4）その他情報

　軍事郵便　検閲済　寺崎印　岩間印　郵便はがき

（5）本文

　其の後も相変らず一同元気にて暮らして居る事と思ふ。俺も御蔭で何時も達者にて御奉公致し居る故安心してくれ。子供達も久しく見ないので随分大きくなつたらうね。知之は相変らず俺の事を云ふて居るのか。本日貳拾円送金する。何時かは入手出来る事だらう。上陸当時は非常に暑いと思つたが此の頃では気候にもなれてとても楽くだ。内地は日増に暑くなる事故体には十分注意して無理をするな。では元気で。草々

No.4-2-4

（1）差出人

　住所：南海派遣猛第二六八九部隊寺崎隊

　氏名：代田秋造

（2）宛名

　住所：群馬縣前橋市南曲輪町27

　氏名：代田房子

（3）認め日

　昭和18年7月か

（4）その他情報

　軍事郵便　検閲済　寺崎印　佐々木印　〇田印　郵便はがき

（5）本文

　暫らく無沙汰致したが一同元気にて暮して居る事と思ふ。俺も御蔭で何時も大元気にて御奉公致し居る故安心してくれ。東京のお盆も過ぎた今日此の頃は内地も随分毎日暑い事だらう。当地も日中は暑いが風はあるし朝晩は涼しく内地の夏よりとても楽くだ。近所や親戚にも此の前便りは出したが届かない事もあるらしいからお前から皆々様に宜敷く傳へてくれ。便りはなくも心配するな。暑さ厳しき析体を大切に。草々

No.4-2-5

（1）差出人

　　住所：南海派遣猛第二六八九部隊寺崎隊

　　氏名：代田秋造

（2）宛名

　　住所：群馬縣前橋市南曲輪町27

　　氏名：代田房子

（3）認め日

　　昭和18年12月か

（4）その他情報

　　軍事郵便　検閲済　寺崎印　郵便はがき

（5）本文

　　暫らく無沙汰を致した。お前始め子供達一同元気にて暮し居る事と思ふ。御蔭にて相変らず達者で毎日土人と同じやうに眞黒になつて精進致し居る。安心して下さい。過日滝上君からの便りを始めて一通だけ受取つた。会社も八月頃大合同が認可となり事業を開始らしいが会社の事は滝上君に御願ひするがよいと思ふ。過日参拾円送附致したが入手したか。当地は文字通りの常夏の國だ。一年中草木は青々と繁茂して野菜物等は一年に三、四、囘取れる品物もある。此の便りが届く頃は年末の忙しい頃か。其共三度目の正月かね。俺の事は心配なく。達者で暮すやう。草々

No.4-2-6

（1）差出人

　　住所：南海派遣猛第二六八九部隊寺崎隊

　　氏名：代田秋造

（2）宛名

　　住所：群馬縣前橋市南曲輪町27

　　氏名：代田房子

（3）認め日

　　昭和18年12月か

（4）その他情報

　　軍事郵便　検閲済　寺崎印　郵便はがき

（5）本文

　　過日は便りありがとう。お前始め子供達には達者にて暮し居るとの事何より結構です。俺も御蔭で何時も元気にて御奉公致し居から故安心してくれ。竹渕君も歸つたらしいね。次に毎月位少しづゝ送金して居るが届いて居るか。満洲国の貯金通帳を以前に送附致したが入手したか。内地は随分と寒さも厳しい事と思ふ。愈々年末にて何かと多忙の事でしやう。過日松村君及び正観寺の武井市五郎氏より便りあり。当地は相変らず草木は青々と繁て居るよ。では元気にて。草々

第5章　親戚からの手紙

　ここには親戚の須藤敏子から出されたハガキ1点を収めた。**No.2-1-2-③**に「過日日高の敏子から便りがあり富美雄さんは熱帯地にて一生懸命ですと書いてあつたが南の方にでも行つたかね」とあるように敏子の夫・富美雄も出征していた。**No.2-1-10**で「富美雄君は暫らく便りがなく敏子も心配だらうが場合に依つては出せぬ時もあるだらうから心配せぬやう話せ」という文面から、夫が出征した家族同士、互いに励まし合っていたことが分かる（**No.2-1-15**）。軍事郵便はそうしたことにも使われた。

　No.3-4-10によれば、代田が富美雄に便りしたが「此の前富美雄君に便りをしたのが昨日返信されて来た」。軍事郵便はまさに兵士の存在証明であった。

須藤敏子ハガキ代田房子宛
No.5-1-1
（1）差出人
　　住所：新髙尾村日高
　　氏名：須藤敏子
（2）宛名
　　住所：前橋市南曲輪町二七
　　氏名：代田房子様
（3）消印日
　　昭和17年4月3日（高崎市消印）
（4）その他情報
　　郵便はがき
（5）本文
　　拝啓。寒い寒い赤城おろしもいつしか過ぎ一日増に暖くなり春がおとづれ櫻のお花見も近づいて参りました。いつも御無沙汰ばかり致して申訳御座居ません。悪からず。其後御変り有ませんか。一寸御伺い致します。私一同も御陰様で相変わらず元気で暮して居ます。御休心下さい。四月八日も近づいて参りました。若し御都合出来ましたらお出掛け下さい。私もお客に行ます。御身大切に。草々

あとがき

代田家からあたご歴史資料館へ

　代田秋造氏の妻・房子氏が87歳で亡くなったのは平成12年（2000）3月27日であった。敗戦から55年、秋造氏の戦死から56年後のことであった。

　長男の知之氏は身辺整理を始めた。母・房子氏の残した軍事郵便は親しくしていた金子勝巳氏（元前橋市役所部長）の勧めで、「あたご歴史資料館」の設立運営の中心的役割を担われている原田恒弘氏のお兄さんが代田氏や金子氏の近所に住んでいたことから、原田氏のお兄さんを通して「あたご歴史資料館」に寄贈することになった。寄贈されたのは平成30年（2018）12月13日であった。知之氏が亡くなられたのは、3年後の令和3年1月24日であった。

　令和元年（2019）8月5日の前橋空襲戦災慰霊祭を取材した上毛新聞記者に原田恒弘氏が高齢化を理由に来年3月末で「あたご歴史資料館」を閉館することを話すと、同紙で閉館のことが記事になった。前橋市では山本龍市長、前橋学センター長であった筆者らが同館を訪ね意見交換を行い、9月に市で受け継ぐ意向を「あたご歴史資料館」に示し、10月に山本市長が記者会見で「前橋空襲を語り継ぎ、戦争に関連する資料の収集・展示するための検討会」の設立を表明。11月26日に「前橋空襲を語り継ぎ、平和資料の収集展示の形の検討会」の第1回の会議が開かれた。

　令和2年3月末で「あたご歴史資料館」が閉館すると、コロナ禍であったため、その様子を見ながら、6月から、文化国際課職員、前橋学市民学芸員や筆者により、同館の資料を前橋市に寄贈するための資料調書と目録作りが行われた。たまたま筆者は代田秋造の軍事郵便の調書の担当になった。これまで群馬県史や県内外6つの自治体誌の編纂に関わり、軍事郵便を調査する機会もあったが、分量、書かれた内容がそれらと違っていたのに驚いた。

　あたご歴史資料館の資料調査・整理作業中に新聞取材を何社か受け報道されたが、そのひとつに毎日新聞があった。取材記者は現在、群馬県議会議員で活躍している鈴木敦子氏で、次のように報じられた（『毎日新聞群馬版』2020年8月29日）。

　戦後75年が過ぎ、戦争を経験した世代の肉声を聞く機会が減り、戦争関係資料の散逸が懸念されている。そんな中、前橋市は戦争の記憶を引き継ぐ取り組みを進めている。前橋空襲を語り継ぐために2012年に設置されたものの、今年3月に閉館した「あたご歴史資料館」（前橋市住吉町）の膨大な資料について、同市の「市民学芸員」がボランティアで調査・整理している。

資料館2階の和室には大小の段ボール箱が雑然と並ぶ。訪ねたのは8月26日午後で、窓を全開にして3台の扇風機を回すが、蒸し暑い。市民学芸員は汗だくになりながら、箱からは資料を1点ずつ取り出しては大きさをメジャーで測り、素材を確かめて専用用紙に記入するなど、黙々と作業していた。

　「戦後生まれには分かんないや」。鈴木邦彦さん（68）が困った様子でスマートフォンで何かを検索していた。手元には「戦闘帽」4個。軍服でなく一般男性用と思われる。ただ、いつ作られたか、詳しい用途も分からない。別の机では大久保武さん（68）が兵士が使った水筒を、出澤綾子さん（65）が戦時中のかんざしをそれぞれ計測し、形状をスケッチしていた。

　調査を取り仕切るのは群馬地域学研究所代表理事で郷土史研究家の手島仁さん（60）。高校教諭や博物館学芸員などを経て、今年3月に前橋市役所を退職した。在職中、市内の歴史文化遺産を活用した地域づくりの担い手となる「市民学芸員」を考案、毎年養成してきた。現在約300人になり、そのうち有志数人が6月下旬から資料館の資料調査に参加している。

　資料館は、前橋空襲で多数の住民が亡くなった住吉町2丁目の町内会が「平和の尊さ、命の大切さを後世に伝えたい」と設立した施設だった。運営する地元住民が高齢となり、3月に閉館した。展示品は住民から寄せられた軍事郵便や兵士の持ち物、当時のレコードや新聞など多岐にわたり、今回の調査・整理が済めば、市に寄贈される予定だ。

　手島さんによると、歴史的価値などの検証はまだ先だが、現段階で既に興味深いことも多いという。敵性用語排斥でキングレコードから改称した「富士音盤」のレコードは「初めて実物を見た」といい、最後は南方で戦死した男性が妻に送り続けた約50枚のはがきからは、戦況の変化や当時の世相がうかがえる。

　前橋空襲を生き延び、資料館の学芸員だった原田恒弘さん（82）は市民学芸員に謝意を示し「生きるか死ぬかの極限状態で懸命に生きてきた人たちの心情をくみ取ってほしい」と話している。

　鈴木記者の取材を受けたときは、まだ50枚の軍事郵便に目を通しただけであった。資料調査・整理を終え、資料目録も作成され、市に寄贈されたのが令和2年11月20日であった。

　筆者は代田の軍事郵便の重要性を、「前橋空襲を語り継ぎ、平和資料を収集展示の形の検討会」の会議でも発言して紹介した。同年12月23日に開かれた第10回検討第8回会議で次のように発言した（検討会の会議は公開で、会議録は市役所のネットでも配信、提言書にも収載。提言書80頁で確認できる）。

　…あたご歴史資料館から寄贈された資料で私が興味を持ったのが、代田秋造さんが妻・房子さん宛に書いた手紙が140通あまりある。軍事郵便が3、4つというのはいくつかあるが、同一人物から100通以上まとまってあるというのは、珍しい。私も資料整理に参加し確認したが、どうも昭和17年くらいから出征しているので、本当に末期である。そうなると、3年間なので、1年間で46通くらいである。それを12か月で割るとひと月に3、4通くらい満州まではがきが往復している。その内容を読むと、房子さんは一家の家長として秋造さんにさまざまな家庭の問題を「どうしますか」というふうに、それで秋造さんは家長として「こうしろ」と、「誰かに相談しろ」というふうな文面があって、本当に、終戦まで軍事郵便が届くような体制も保たれ

ていたのか、とても興味深く拝見した。ああいうようなものは大事に、あたご歴史資料館で保存しておいていただいたので、それを全部翻刻して、その推移とともに読む、どういうことを兵士と残された家族が当時考えていたかというところまでは、まだ研究がいっていないので、そういうことも今後行って、より、戦争というものを伝えることは必要なものではないかということで、まだまだ調査研究を、資料にはさまざまな兵士のメモも書かれていて、そういったものが全て解読されそういう研究が発表されたということにはまだ至っていない。それが私たちの世代の一つの役目なのではないかということを資料整理しながら感じて、併せて、高橋峯次郎先生の書簡の例を知ると、改めてそういうふうに強く思う。

資料館の展示と本格的な調査

　令和３年（2021）３月２日、「前橋空襲を語り継ぎ、平和資料を収集展示の形の検討会」から、「前橋空襲を風化させないために」公的な資料館が必要であるという『提言書』が山本市長に提出された。それを受け市では約１年後の令和４年（2022）２月15日に市民文化会館（昌賢学園ホール）２階（旧食堂）に資料館を開設することを決定し、展示内容については「前橋空襲と復興資料館検討委員会」を同年４月より設置して決めることとした。

　同委員会では学習会、先進資料館視察、若い世代・地域の方々・市教育委員会との意見交換などを行いながら、「あたご歴史資料館」や「ぐんまマチダ戦争と平和資料館」から寄贈になった全資料の調査、『戦災と復興』（前橋市、昭和39年）を読み解き調査を行い、資料館の構想を検討した。

　その結果、「資料でみる戦争とくらし」のコーナー（ゾーン）を設け、「あたご歴史資料館」と「ぐんまマチダ戦争と平和資料館」から寄贈となった実物資料100点余りを展示することにし、それとは別に「出征兵士からの手紙」をテーマ展示とすることにした。

　そこで、代田の軍事郵便の本格的な翻刻作業と調査に着手した（執筆体制を参照）。残念なことに代田秋造の長男・知之氏はすでに亡くなっていたが、御健在である弟の昌弘氏、知之氏夫人の清子氏や金子勝巳氏にお話をうかがうことができた。昌弘氏には群馬県健康福祉部国保援護課（現在の同部福祉局地域福祉課）に軍歴証明書や兵籍などの資料の交付申請を行っていただいた。代田の軍事郵便に同じ部隊にいて一時帰国した前橋市在住の兵士の名前があったので、その遺族も追跡調査した。その一人であった松村與四三氏の孫の哲氏からは貴重な写真を見せてもらうこともできた。兵庫県姫路市にも調査に出かけた。調査をしてみると必ず「もう少し早く来てもらえれば、知っている人が生きておられたのに」と言われた。

先行事例に

　前橋空襲と復興資料館の「出征兵士からの手紙」では全ての軍事郵便及び関連書簡を見てもらうような展示となるが、展示図録には紙数の関係から抄出せざるを得なかった。そこで、代田秋造の軍事郵便と調査結果の全容を『前橋学ブックレット』の「前橋空襲・復興と戦争体験記録シリーズ２」として刊行することにした。

　前橋空襲と復興資料館検討委員会では、提言書をいかに具体化した資料館をつくるかという観点から議論を重ねた。提言書は資料館の機能（運営・展示・資料収集・調査研究・普及・地域づくり）にも言及している。①運営では、「企画展示・資料収集・調査研究など市民の主体的、自発的な活動に支えられた体制とする」（15頁）。②調査研究では、「これまで収蔵した資料が保管・展示され、証言や記録など記念すべき節目の年に書籍化やDVD化など行われているが、調査研究という点では十分とは言えない。たとえば、戦地から家族にあてた軍事郵便などは受入・保存されているが、その文面についての研究などは行われていないのが、現状である。兵士が記録したものを初めとして、あらゆるものを翻刻し、調査研究することが求められる」（19頁）。③普及では、「証言（体験記）や調査研究の成果を、前橋学ブックレット、紙芝居などを通じて活字化、映像化し、戦争を知らない世代に風化しないよう普及・啓発活動を積極的に行う」（19頁）─などとある。

　代田秋造の軍事郵便を調査研究し、展示、前橋学ブックレットで活字化することは、提言書をまさに具体化したことの先例となる。

　筆者は群馬県立歴史博物館に11年間、学芸員として在職した。企画展はもちろんであるが、最も労力と時間を費やしたのは、寄贈されてくる資料群の整理と調査研究であった。毎年、研究紀要に調査結果を論文として発表した。しかし、これは例外的で、資料調査に手が回らず、資料が死蔵されている場合が多いことが分かった。専門職であっても一人の学芸員では限界がある。

　意欲・関心のある市民が市民学芸員となり、資料館の運営に関わり、膨大な未整理の資料の調査研究に取り組み、その成果を企画展にしたり、前橋学ブックレットで活字化したりするような体制にすれば、市民の主体的、自発的な活動に支えられた資料館となり、博物館が抱えている問題を克服することができるに違いない。本書はその先行事例としての役割を担うものである。

　また、軍事郵便研究においては、その第一人者である新井勝紘氏が軍事郵便の収集・保存・公開・研究について次のように述べている（新井勝紘「軍事郵便のもつ"歴史力"に魅かれて─その収集・保存・公開・研究について─」『昭和のくらし研究』第16号、昭和館、2018年３月）。

ある意味で戦争体験者が「戦争を突き出してくれている」軍事郵便のもつ歴史性に、私たちはもっと注目しなければならないと同時に、忘れ去られたように眠っている軍事郵便の発掘・発見に努め、確認したものだけでも収集、保存、解読し、もっと幅広く利用、公開する道を探っていかねばならないということが、ほぼ日課のように、軍事郵便に接している者の実感である。だからこそ、全国各地や個々の動きを共有できる、軍事郵便に関心を寄せる人々の、ゆるやかな軍事郵便ネットワークができればいいと思っている。

　代田秋造から妻・房子に宛てた軍事郵便を収載した本書、展示した前橋空襲と復興資料館が、新井氏の指摘したような役割を担うことに貢献できれば何よりのことであると思う。

執筆体制
　本書は、以下のような執筆体制であった。
監修　代田　昌弘（代田秋造二男）
執筆　手島　　仁（前橋空襲と復興資料館検討委員会委員長、一般社団法人群馬地域学研究所代表理事）
調査　手島　　仁（同上）
　　　大島　　拓（前橋市文化スポーツ観光部文化国際課主任）
翻刻　佐藤　弓子（前橋学市民学芸員）
　　　出澤　綾子（前橋学市民学芸員）
　　　青木由紀子（前橋学市民学芸員）
　　　大友　貴裕（前橋市文化スポーツ観光部文化国際課副参事）
　　　大島　　拓（同上）
　　　石坂　有希（前橋市文化スポーツ観光部文化国際課主事）
　　　浅見　郁美（前橋市文化スポーツ観光部文化国際課会計年度任用職員）
　　　手島　　仁（同上）
調査協力　代田昌弘、代田清子、金子勝巳、松村哲、田中美智子、泉和慶、伊藤政一、群馬県健康福祉部福祉局地域福祉課、茨城県立図書館、姫路市飾磨公民館、姫路市立図書館飾磨分館、姫路市平和資料館、姫路護國神社（敬称略）
　なお、校正については、文化国際課、上毛新聞社出版編集部の石倉実奈氏・山﨑愛美氏にお世話になりました。

　　　　　令和6年（2024）9月1日　　　　　　　　　　　　　　　手島　　仁

創刊の辞

　前橋に市制が敷かれたのは、明治25年（1892）4月1日のことでした。群馬県で最初、関東地方では東京市、横浜市、水戸市に次いで四番目でした。

　このように早く市制が敷かれたのも、前橋が群馬県の県庁所在地（県都）であった上に、明治以来の日本の基幹産業であった蚕糸業が発達し、我が国を代表する製糸都市であったからです。

　しかし、昭和20年8月5日の空襲では市街地の8割を焼失し、壊滅的な被害を受けました。けれども、市民の努力によりいち早く復興を成し遂げ、昭和の合併と工場誘致で高度成長期には飛躍的な躍進を遂げました。そして、平成の合併では大胡町・宮城村・粕川村・富士見村が合併し、大前橋が誕生しました。

　近現代史の変化の激しさは、ナショナリズム（民族主義）と戦争、インダストリアリズム（工業主義）、デモクラシー（民主主義）の進展と衝突、拮抗によるものと言われています。その波は前橋にも及び、市街地は戦禍と復興、郊外は工業団地、住宅団地などの造成や土地改良事業などで、昔からの景観や生活様式は一変したといえるでしょう。

　21世紀を生きる私たちは、前橋市の歴史をどれほど知っているでしょうか。誇れる先人、素晴らしい自然、埋もれた歴史のすべてを後世に語り継ぐため、前橋学ブックレットを創刊します。

　ブックレットは研究者や専門家だけでなく、市民自らが調査・発掘した成果を発表する場とし、前橋市にふさわしい哲学を構築したいと思います。

　前橋学ブックレットの編纂は、前橋の発展を図ろうとする文化運動です。地域づくりとブックレットの編纂が両輪となって、魅力ある前橋を創造していくことを願っています。

前橋市長

ᴍᴮOOᴋLᴇᴛ

前橋学ブックレット❹

前橋空襲・復興と戦争体験記録シリーズ2

│出征兵士・代田秋造から妻・房子への手紙│

─軍事郵便を読む─

発　行　日／2024 年 12 月 10 日　初版第 1 刷

企　　　画／前橋学ブックレット編集委員会（前橋市文化国際課）
〒 371-8601　前橋市大手町 2-12-1　tel 027-898-6992

著　　　者／代田昌弘・手島仁　編

発　　　行／上毛新聞社営業局出版編集部
〒 371-8666　前橋市古市町 1-50-21　tel 027-254-9966

ⓒ Shirota Masahiro,Teshima Hitoshi　Printed in Japan 2024

ISBN 978-4-86352-360-9

ブックデザイン／寺澤　徹（寺澤事務所・工房）

前橋学ブックレット 〈既刊案内〉

① 日本製糸業の先覚 速水堅曹を語る (2015 年)
　石井寛治／速水美智子／内海　孝／手島　仁　　　ISBN 978-4-86352-128-5

② 羽鳥重郎・羽鳥又男読本 ―台湾で敬愛される富士見出身の偉人― (2015 年)
　手島　仁／井上ティナ (台湾語訳)　　　ISBN 978-4-86352-129-2

③ 剣聖　上泉伊勢守 (2015 年)
　宮川　勉　　　ISBN 978-4-86532-138-4

④ 萩原朔太郎と室生犀星 出会い百年 (2016 年)
　石山幸弘／萩原朔美／室生洲々子　　　ISBN 978-4-86352-145-2

⑤ 福祉の灯火を掲げた 宮内文作と上毛孤児院 (2016 年)
　細谷啓介　　　ISBN 978-4-86352-146-9

⑥ 二宮赤城神社に伝わる式三番叟 (2016 年)
　井野誠一　　　ISBN 978-4-86352-154-4

⑦ 楫取素彦と功徳碑 (2016 年)
　手島　仁　　　ISBN 978-4-86352-156-8

⑧ 速水堅曹と前橋製糸所 ―その「卓犖不羈」の生き方― (2016 年)
　速水美智子　　　ISBN 978-4-86352-159-9

⑨ 玉糸製糸の祖　小渕しち (2016 年)
　古屋祥子　　　ISBN 978-4-86352-160-5

⑩ 下馬将軍 酒井雅楽頭の菩提寺 龍海院 (2017 年)
　井野修二　　　ISBN 978-4-86352-177-3

⑪ ふるさと前橋の刀工 ―古刀期〜近現代の上州刀工概観― (2017 年)
　鈴木　叡　　　ISBN 978-4-86352-185-8

⑫ シルクサミット in 前橋 ―前橋・熊本・山鹿・宇都宮・豊橋― (2017 年)
　前橋学センター編　　　ISBN 978-4-86352-189-6

⑬ 老農・船津伝次平の養蚕法 (2017 年)
　田中　修　　　ISBN 978-4-86352-193-3

⑭ 詩のまち　前橋 (2018 年)
　久保木宗一　　　ISBN 978-4-86352-215-2

⑮ 南橘地区の筆子塚からみる庶民教育 (2018 年)
　南橘地区歴史文化活用遺産委員会編　　　ISBN 978-4-86352-225-1

⑯ 上川淵地区の伝統行事と祭り (2018 年)
　上川淵地区郷土民俗資料館編　　　ISBN 978-4-86352-229-9

⑰ 富士見かるた (2018 年)
　富士見地区歴史文化遺産活用委員編　　　ISBN 978-4-86352-230-5

⑱ 下川淵カルタ (2019 年)
　下川淵地区歴史文化遺産活用委員編　　　ISBN 978-4-86352-235-0

⑲ 前橋の旧町名 (2019 年)
　町田　悟　　　ISBN 978-4-86352-240-4

⑳ 前橋市と古利根川 [上巻] 先史利根川と古代利根川 (2019 年)
　小野久米夫　　　ISBN 978-4-86352-241-1

㉑ 前橋市と古利根川 [下巻] 中世根川と近世根川 (2019 年)
　小野久米夫　　　ISBN 978-4-86352-243-5

㉒ 山王廃寺は放光寺 (2020 年)
　松田　猛　　　ISBN 978-4-86352-266-4

㉓ 酒井忠清 申渡状を繙く (2020 年)
　野本文幸　　　ISBN 978-4-86352-271-8

㉔ 赤城南麓の覇者が眠る大室古墳群 (2020 年)
　前原　豊　　　ISBN 978-4-86352-272-5

㉕ 前橋台地 I その成り立ちと旧石器・縄文時代 (2020 年)
　梅沢重昭　　　ISBN 978-4-86352-276-3

㉖ 教育者・井上浦造 (2021 年)
　大﨑厚志　　　ISBN 978-4-86352-290-9

㉗ 藩営前橋製糸所とスイス・イタリア (2021 年)
　前橋学センター編　　　ISBN 978-4-86352-291-6

㉘ 引っ越し大名 松平大和守家 (2021 年)
　松平直孝・庭野剛治　　　ISBN 978-4-86352-298-5

㉙ 前橋空襲・復興と戦争体験記録シリーズ｜ 1 ｜ (2021 年)
　前橋学ブックレット編集委員会編　　　ISBN 978-4-86352-304-3

㉚ 大久保佐一と組合製糸群馬社 (2022 年)
　田中　修　　　ISBN 978-4-86352-318-0

―― 前橋学ブックレット〈既刊案内〉――

㉛早世の詩人平井晩村 付 晩村が歩いた前橋の街（2022 年）
　　町田　悟　　　　　　　　　　　　　　　　　ISBN 978-4-86352-319-7

㉜臨江閣茶室と今井源兵衛（2023 年）
　　岡田　悠江　　　　　　　　　　　　　　　　ISBN 978-4-86352-323-4

㉝速水堅曹と親族（2023 年）
　　速水堅曹研究会編　　　　　　　　　　　　　ISBN 978-4-86352-325-8

㉞上川淵村役場当直日誌 第 1 巻（2023 年）
　　上川淵村役場当直日誌研究会編　　　　　　　ISBN 978-4-86352-332-6

㉟上川淵村役場当直日誌 第 2 巻（2023 年）
　　上川淵村役場当直日誌研究会編　　　　　　　ISBN 978-4-86352-333-3

㊱上川淵村役場当直日誌 第 3 巻（2023 年）
　　上川淵村役場当直日誌研究会編　　　　　　　ISBN 978-4-86352-334-0

㊲上川淵村役場当直日誌 第 4 巻（2024 年）
　　上川淵村役場当直日誌研究会編　　　　　　　ISBN 978-4-86352-343-2

㊳上川淵村役場当直日誌 第 5 巻（2024 年）
　　上川淵村役場当直日誌研究会編　　　　　　　ISBN 978-4-86352-344-9

㊴上川淵村役場当直日誌 第 6 巻（2024 年）
　　上川淵村役場当直日誌研究会編　　　　　　　ISBN 978-4-86352-345-6

各号 定価：660 円（本体 600 円＋税）